U0729228

宁波企业
国际商战
秘 笈

主编 俞丹桦

中国商务出版社
CHINA COMMERCE AND TRADE PRESS

图书在版编目（CIP）数据

宁波企业国际商战秘笈／俞丹桦主编．—北京：
中国商务出版社，2012.5
ISBN 978-7-5103-0692-1

Ⅰ．①宁…　Ⅱ．①俞…　Ⅲ．①企业-对外贸易-研究
-宁波市　Ⅳ．①F279.275.53

中国版本图书馆 CIP 数据核字（2012）第 091479 号

宁波企业国际商战秘笈

NINGBO QIYE GUOJI SHANGZHAN MIJI

主　编　俞丹桦

出　　版：中国商务出版社
发　　行：北京中商图出版物发行有限责任公司
社　　址：北京市东城区安定门外大街东后巷 28 号
邮　　编：100710
电　　话：010—64269744（编辑室）
　　　　　010—64266119（发行部）
　　　　　010—64263201（零售、邮购）
网　　址：www.cctpress.com
邮　　箱：cctp@cctpress.com
照　　排：嘉年华文排版公司
印　　刷：北京市松源印刷有限公司
开　　本：889 毫米×1194 毫米　1/32
印　　张：11.375　字数：322 千字
版　　次：2012 年 5 月第 1 版　2012 年 5 月第 1 次印刷

书　　号：ISBN 978-7-5103-0692-1
定　　价：28.00 元

编 辑 委 员 会

序

自古以来，宁波就是对外开放的桥头堡。开放，融入了这座城市的底蕴，也决定着这座城市的未来。宁波人素来以善商能贾闻名于世，"无宁不成市"的谚语曾广为流传，这里的"宁"即指宁波商人。

中国海上丝绸之路的起点在宁波。从要素禀赋看，宁波面朝大海，依托天然的深水良港、深厚的文化底蕴、浓郁的商业氛围，注定要成为国际市场不可忽视的力量。早在唐宋时期，宁波就是中国三大对外贸易港口之一。北宋时期，时称明州的宁波一度成为对高丽等国官方往来与海外贸易的唯一合法港口。改革开放以来，对外开放使宁波这座古老的城市重新焕发出勃勃生机。1984 年 8 月，邓小平同志发出了"要把全世界宁波帮都动员起来建设宁波"的号召，拉开了宁波帮人士建设开发宁波的序幕。1987 年2 月，国务院作出了宁波实行计划单列的决定，赋予宁波省一级的经济管理权限，让宁波重新成为对外开放的重镇。此后，宁波开放型经济步入发展快车道，自营进出口总额以年均30%以上的速度递增。尽管受到国际金融危机影响，2009 年进出口增速有所回落，但 2010 年下半年重又回到较快增长的轨道。2011 年，宁波实现自营进出口总额 981.88亿美元，同比增长 18.4%。目前，宁波近三分之一的制造业产品销往海外，每四个人中就有一人从事外贸，全市纳税前 50 强企业中，外贸企业超过一半。

回首往昔，宁波外贸发展之路并非坦途。面对各种困难和挑战，宁波外经贸人以无畏的勇气和实干的作风，不断开拓创新，使宁波成为著名的外贸政策举措创新之城。

1998年，宁波率先推出出口退税账户托管贷款，后在全国推广。

1999年，宁波率先对企业出境参展予以支持，后在全国推广。目前，宁波是企业参加境外展会最多的城市。

2002年，宁波在全国率先健全关贸、检贸、财贸、银贸等协作机制，优化口岸"大通关"环境，积极推进外贸便利化。

2005年，商务部公布190个"商务部重点培育和发展的名牌"，宁波20个品牌榜上有名，数量居全国各城市之首。

2007年，宁波率先实施进口贸易启蒙行动，开展大规模培训，设立全国首批进口贸易实习基地。

……

进入后国际金融危机时代，在外"紧"内"涨"的形势下，宁波加快了开放型经济的转型升级步伐。面对各种挑战，宁波坚持开放强市战略不动摇，坚持利用"两种资源"、拓展"两个市场"不动摇，针对复杂多变的新形势，率先建设起八大外经贸公共服务体系，引导广大外经贸企业积极调整心态，树立发展信心，主动适应变化。从突破外贸结构调整，到加快实施"走出去"战略，宁波企业在扩大进口、广泛建立海外营销网络、积极培育服务外包优势等领域加快转变外经贸发展方式，在应对用工难、化解汇率风险，破解国际贸易壁垒和保护商业秘密等多个层面千方百计应对，创造并积累了不少行之有效的办法和措施。

为总结、分享宁波企业的国际商战经验，使这些成果从企业中来，又有助于企业，宁波市外经贸局一直致力于打造"千方百计"系列产品，深入基层、深入一线、寻找典型、挖掘经验，历时三年多，先后编印了《宁波企业开拓国际市场 100 招》、《宁波企业走出去 36 计》、《宁波企业破解贸易壁垒 10 大案例》、《宁波中小企业转型升级 20 招》等 20 多种"千方百计"服务产品,免费向宁波企业发放五万多册。在此基础上,宁波市外经贸局编辑出版了这本《宁波企业国际商战秘笈》。

衷心希望这本书,不仅能为宁波企业国际商战提供智慧,也能为全国有志于开拓国内外市场的各类企业提供一些有益的宁波经验。

是为序。

宁波市委常委　宁波市副市长　刘海泉

2012 年 5 月

目录

一 市场开拓

主 编 手 记

风景这边独好

　　"纹身"又称"刺青"，是指艺师在他人身上刺成不同的图案。当今社会，不少青年男女痴迷纹身是为了追求出众之美，但得忍住针刺之痛。自从纹身贴发明后，相关人士可免受皮肉之苦，据己所好选贴纹身图案。前几天，我在广交会见到了甬产纹身贴，出自宁波艺宝工艺品公司。经细细观察，我觉得这些纹身贴皆是做工考究、形奇色佳的高档品，不是粗制滥造、遍布地摊的大路货。我问该企业业务员："每个纹身贴能卖多少钱？"她回答："2至6美元。"我又问她："广交会卖纹身贴的企业有几家？"对方笑称："只有我们一家。"于是，我想到一句诗："风景这边独好"。

1. 雇"洋枪手"攻堡垒

　　由于东西方在市场经营理念上的差异，余姚某公司的灯具一直进不了欧洲主流销售市场。为此，该公司在法国巴黎设立了分公司，聘请了两名当地销售员负责开拓欧洲市场。仅仅依靠这两名"洋枪手"，该公司就撬开了坚固的欧洲市场"堡垒"，月出口额近百万美元。目前，该公司又在瑞典、俄罗斯、意大利、德国和北美、中东等国家和地区设立了办事处，招聘了更多的"洋枪手"。

2. 旧瓶装新酒

　　一只普通的锅，改变锅底材料，使得锅在燃气灶和电磁炉上都能使用，最后成本只增加3%，报价高出了30%。在刚刚结束的第105届广交会上，海曙某炊具公司推出了许多改进型新产品，其中一款"热复底工艺"平底锅在广交会上被一位西班牙客商看中，一举签下了价值500万美元的订单。

3. 危中寻机创新品

　　去年下半年以来，国际金融危机的深度扩散造成欧美一些银行倒闭，老外不敢把钱存银行。北仑某集团及时捕捉到了其中的商机。该企业针对境外消费者的心理变化，一改以往以防火保险箱为主的产品结构，将防盗保险箱列为出口主打产品，使订单成倍增加，利润大幅上升，产品供不应求。

4. 限量销售新产品

目前，许多外贸企业仍然依靠跑量维持经营，利润的大头都被"老外"赚走。即使是新产品，上市不久利润率就降至很低。为摆脱这种生存方式，鄞州某外贸企业在产品款式多样化上做足文章，每款产品都小批量生产。比如某一款产品只生产了 1000 件，卖完停止生产，使外商不能讨价还价，从而有效提升了产品的附加值。

5. 借外国明星聚人气

    在第 105 届广交会上，鄞州某进出口公司的展位前挤满了外商，他们都被该公司促销小姐身上背着的纸袋子所吸引。为了快速集聚人气，该公司想出了一个出奇制胜的促销办法，把外国总统、国际影星的头像和该公司的品牌印在一个纸袋子上，让临时雇来的意大利女郎免费派送给客商。此举有力地吸引了大批外商的眼球，提高了该公司品牌的知名度。

6. 厚利少销扩市场

高档产品

　　面对金融危机的影响，我市部分服装企业剑走偏锋，向高端出口市场进军。去年以来，象山某针织公司减少了低档针织品出口业务，转向生产、出口女装、休闲装、运动装等具有竞争优势的高档产品。目前，公司设有3000多平方米的棉纱仓库，有几百个品种的原料，具备了承接批量小、附加值高的针织服饰产品能力。原来公司出口一件针织内衣的价格在15元左右，现在出口的印花、绣花休闲女时装售价提高到40元至50元，经济效益不断提高。

7. 开辟境外直销窗口

　　象山某制衣公司在日本设立了销售部和产品研发设计部，从而紧紧把握了国际市场主动权。过去，该公司接单要经过批发商、经销商几道环节，现在通过设在日本的销售部，掌握了一定的定价权，而且每件服装多了 10% 的利润。同时，该公司利用日本的设计人才，快速设计出当地即将流行的各种少女时装。现在，日本市场十大著名商社已有 6 家与该公司保持长期合作关系。

8. 无店铺开百家店

　　正当不少纺织服装企业经历阵痛的时候，保税区某服装公司却加大了扩张步伐：该公司计划今年实现销售收入2亿元，争取五年内上市。其奥妙在于该公司创办了一个羊绒衫网，专门销售羊绒衫，生意十分兴隆。现在，该公司每个月开15家网上新店，销售额每月增长20%，一年多时间下来，连锁加盟店增加到上百家。

9. 为世界名牌当配角

　　鄞州某制衣公司乐意为世界名牌服装当"名配角"。该公司在各种服装配料、辅料上选用最优的材料，以增加产品的附加值。据了解，该公司目前的客户有全球最高端的品牌如阿玛尼、杰尼亚、博里尼等，其为阿玛尼加工的一件休闲衫，在海外市场的售价超过 1000 美元。

10. 与外商合办销售企业

　　全球金融危机带来了经济格局调整。今年1月，鄞州某厨具公司与合作了五年的丹麦代理商签订了在北欧合作办企业的协议。根据协议，新成立的合资公司负责该公司厨具产品在北欧市场的销售，而且可以根据市场需求及时决定产品的设计与生产。这意味着该公司跳出了授权、代理等传统模式，与代理商结成了命运共同体。

11. 攀境外高亲创品牌

与国外成熟品牌相比，目前我市许多外贸企业的品牌在国际市场知名度不高，在当地推广自主品牌难度很大。去年11月，鄞州某服装集团主动与意大利某著名服装集团合作，采用服装买断形式，使后者成为其自创品牌高级女装在欧洲27国的销售总代理。据预计，该公司今年出口增幅将在10%至15%，利润也十分可观。

12. 客户分类管理

　　江东某纺织品公司把境外客户分成三类。一是老客户，这些客户信用好，在危机阶段要继续维持，不能流失一个。二是边缘客户，此类客户以前生意好时不是很重视，部分客户因为业务量小已进入公司淘汰名单，在危机阶段可积极争取。三是新客户，公司将借助网络、展销会等通道，积极开发东亚和东南亚市场。目前，该公司已与50余位外商建立了良好的贸易伙伴关系。

13. 趁热打铁访客户

　　外贸企业参加境内外各种展会，往往会收到许多感兴趣客商的名片，如何才能迅速有效地使这些潜在客商变为现实客户呢？江北某进出口公司让公司的业务员在出国参展、考察时尽量拜访曾经收到过名片的当地客商，通过面对面地交流，加深认识，建立感情。据该公司称，在境外展销会结束一周之内立即拜访新客户往往能够取得意想不到的效果，大约有70%的客户在当面交流后会下订单，有的还成为长期客户。

14. 出口交货以快制胜

　　金融危机导致许多国外采购商大的短单多了，采购规模小了，采购次数频繁了。这对外贸企业提出了更高的要求。去年12月，美国一位客商给开发区某汽车配件公司发来订单，要求在20天内发运2000套汽车专用雪橇架，而以往汽车配件的交货期一般在40天左右。尽管完成这个单子压力很大，但该公司还是接下了，并在客户规定的时间内顺利交货。凭借以快制胜的战略，该公司的国外客户已有200多个。

15. 东方不亮西方亮

欧洲市场

　　出口市场多元化是慈溪某进出口公司规避外贸风险的一大"法宝"。目前，该公司产品销往 150 多个国家和地区，其中最大的欧洲市场占出口总额的比例也不足 1/3。美国次贷危机发生后，该公司对美国市场销售出现下滑，但对欧洲市场出口却大幅增长，一增一减间，该公司的出口总量仍然保持稳定。

16. 念好企业"三自经"

　　余姚某电器公司在与世界知名家电品牌的合作中，体味到了没有自主品牌的苦衷，为此想到了自创出口品牌。目前，该公司已在 10 多个国家注册商标，并与欧洲一家大公司洽谈，希望借助其销售渠道打响自主品牌。不仅如此，该电器公司还积极从 OEM（贴牌）出口向 ODM（委托设计）跨越，努力赚取产业链上的高额利润。随着一批拥有自主设计、自主出口品牌、自主知识产权的新产品相继问世，该公司国际订单络绎不绝，由于是独家产品，从而提高了国际市场的议价能力。

17. 卖产品也卖技术

　　鄞州某公司除生产销售洗衣机成品外，还将洗衣机的设计方案、图纸、模具、制造流程等相关技术输往海外。去年年底以来，该公司已将模具出口到埃及、俄罗斯、印尼、伊朗等国家。模具出口后由当地进口商组织生产，再和该公司的零配件组成整机销售，有效带动了该公司产品出口，扩大了企业的盈利空间。在第 105 届广交会上，该公司签下了 400 万美元的订单，新客户增加了几十个。

18. 两头在外避风险

汇率风险

　　这几年，人民币汇率的升值一度让许多外贸企业头痛。慈溪某电子公司却通过两头在外，有效规避了汇率风险。公司从事加工贸易时，利用电子账册不受进口额度限制的优势，在原材料涨价的情况下，多在国外采购原材料，既避免了美元兑人民币汇率下跌的风险，又有效降低制造成本，提高了企业市场竞争力。

19. 筑牢风险防火墙

　　在严峻形势下，企业一味追求快速做大可能带来潜在的巨大危机。江东某外贸公司坚持稳健经营，在内部构筑风险"防火墙"，有效避免了行情大起大落带来的剧烈动荡。该公司充分运用自己在财务整合、人力资源、市场拓展和战略决策方面的优势，建立了业务管理、货权管理、财务监督三权分立的体系，并在企业内部设立财务总监和风控总监，使存货规模和应收账款一直保持较低水平。与此同时，该公司通过信用放贷制度、仓库检查制度、信用额度评估体系等三道防线，有效防范了进口业务风险。

20. 请外商来设办事处

　　余姚某家电公司老总获悉美国一家著名家电销售大企业打算在宁波设立商务办事处，便力邀其将办事处设在余姚，还腾出自家两幢经豪华装修的高级别墅供其使用，并提供各种便利。此举深深感动了外方。短短几个月，外方便与该企业签下2500多万美元的采购单，并打算与之合营办企业，以期分享更大"蛋糕"。

21. 境外并购招商路

　　余姚某仪器公司与日本某仪器公司合作经商多年，关系密切。近期，中方企业获悉日方企业拟将企业资本全部转让，便积极争取并购事宜，现已签订了并购意向书，并有望获得日方企业的生产、管理和销售资源。

22. 欧洲商场租柜台

　　北仑一家制衣有限公司与原先的 OEM（贴牌生产）客户合作，在德国、西班牙等国家的服装商场租用柜台，直接销售自己的品牌服装。由于产品质量优，款式合乎欧洲人的品位，该公司的品牌服装受到了欧洲消费者的欢迎。目前，该公司已在欧洲各国 10 多个大商场租用了 48 个柜台，所有销售人员都是商场雇用的当地人士，实现了在销售成本基本不上升的前提下出口额迅速上升的目标。

23. 科技新品放异彩

　　汽车在行驶过程中被扎破轮胎是让人懊恼的事情。宁波一家外贸企业推出了一种自助补胎产品，汽车轮胎如被直径6.5毫米以内的异物扎破，车主可自行通过气门嘴向轮胎里灌入一定量的补胎液，然后充满气，再开上几公里，轮胎的漏洞就能补上。像这家企业那样靠科技类外贸新品拓市场的企业在宁波还有不少，他们着实尝到了不少甜头。

24. 目标市场设工厂

　　宁海某文具企业拟在泰国的一个工业园办厂，把生产线直接设在目标市场，将出口零配件和部件组装为成品，此举既可以降低关税成本 10% 以上，且经泰国出口到东盟其他国家又可以享受零关税的优惠，还提高了市场快速反应能力，可谓一举多得。

25. 从卖产品到卖服务

　　宁波某洗衣机生产企业面对日益激烈的市场竞争，从产品出口向技术出口转型，通过合作方式为外商提供设计方案、图纸、模具、配件、制造流程等技术，帮助外商建立洗衣机工厂，并派技术人员指导操作，在俄罗斯、阿尔及利亚、埃及、伊朗和印尼建立了7家工厂。据悉，该企业出口一套模具能收取几十万美元，技术出口的利润率比产品出口高出10个百分点。

26. 巧成进口代理商

　　金融危机的影响使越来越多的境外客商将目光瞄准了中国市场，许多外商在中国重要展会设摊寻找代理商。宁波某外贸公司早就想开发进口业务而苦于找不到门路。第八届消博会在甬召开期间，这家公司与一家瑞士企业一谈即成，很快成为该企业的中国代理商。

27. 收购名牌招商路

　　金融危机中蕴藏着商机。鄞州某专业音响生产企业在逆境中开拓市场，接连收购了英国两个世界顶级调音台品牌。这几个音响品牌一直以产品稳定性高、品质标准高而闻名世界，但由于金融危机影响，他们目前都面临破产。鄞州这家企业以节省几千万元的资金成功收购世界著名品牌，抢占了行业制高点。

28. 合资吸引核心技术

　　国外大公司一般不轻易向其产品销售地转让技术。宁波某企业为世界最大的小型风力发电机生产商提供零配件五年后，决定出让一部分股份给对方进行合资，让美方以技术和资金结合入股。美方以技术入股后，该企业节省了巨大的人力、财力和研发时间，取得了事半功倍的效果，并开发出"美国质量、中国价格"的风力发电机。

29. 收编外国失业员工

　　帮助别人就是帮助自己。高新区某汽配模具生产企业，曾经为美国通用汽车公司提供配套零部件，通用汽车陷入困境后解雇了大量拥有生产经验和营销经验的工程师和销售人员，这家企业便将和自己有业务联系的几位失业员工"招至麾下"，组织他们在美国成立了一个办事处。该企业利用他们的专业经验和当地资源，很快为自己的产品打开了新的市场。

30. 供应链服务获益多

　　江东区一家外贸公司利用多年经验和丰富资源，为客户提供一站式供应链管理服务，取得了成功。他们将传统的采购服务商、金融服务商、物流服务商和增值经销商的服务功能加以整合，对服务项目进行专业化分工，统一进行采购下单、销售配送、货物监管，从而最大限度地降低了客户的成本。这样，尽管每道环节的利润并不高，但由于该公司参与的环节较多，总体利润较为可观。

31. 废物还给供货商

　　从去年下半年开始，当来自台湾地区的电子配件产品抵达宁波出口加工区后，某物流有限公司将这些生产材料分别送往各自企业，然后很快将优质纸箱、塑胶包装盒、高档进口玻璃面板等"废物"集中起来，装入一种特制的铁箱运回台湾，由供应商重复、循环使用。这种"环保物流"不仅有利于节约社会资源，帮助供应商有效降低包装材料的采购成本，物流公司也能从中获益：每月可增加 100 万元至 150 万元收入。

32. 新闻报道揽生意

　　在一次模具博览会上，北仑一家精密模具企业的老总接受了媒体的专访，没想到三天后，这家企业就接到了余姚和慈溪的两个合作电话。原来，这两位客户从报道中了解到该企业独具特色的创业经历，以及这家企业的技术实力和诚信。几天后，同样看到报道的温州著名民企正泰集团，通过各种途径找到了这家企业，要求他们开发20多套模具。

33. 原产地证助外销

　　原产地证可成为外贸企业打开国际市场的"金钥匙"。宁波保税区一家食品有限公司去年仅中国—智利自贸区原产地证书就签发了 48 份，货值 284 万美元，仅此一项就为智利进口商减免关税 17 万美元。出口产品除了可申请签发一般原产地证书和普惠制原产地证书外，出口到新西兰、东盟、巴基斯坦、智利等自由贸易区的产品还可以申请签发区域优惠原产地证书，凭证书享受大幅度关税减免。

34. 宁亏守信获生机

　　由于主要原材料价格一路下滑，慈溪一家电器电线有限公司宁愿自己亏损300多万元，主动通知每一个国内外客户一定会按原先的价格供货，有的客户甚至表示"难以置信"。坚持诚信经营带来丰厚回报。到今年3月份，当同行业里绝大多数企业仍然在困境中苦苦挣扎时，这家公司由于手上握有一大批以前签订的供货合同，产销量已恢复到去年同期水平。

35. 中国元素引客户

　　受国际金融危机影响，欧美服装销售市场疲软，但宁波某服装企业生产的融入中国元素设计的品牌服装却在国际市场俏销。2008年北京奥运会后，全世界对中国元素有了更多的认同。该企业在服装产品中加入了中国传统的丝绸、麻布、蓝印花布等质地的材料，还使江南水乡的小桥流水等中国元素成为设计的"重头戏"。这些产品供不应求，目前已销售到20多个国家，其价格也比同类产品高出10%到15%。

36. 生意做到联合国

　　在当前金融危机阴影笼罩下，拿到国外订单非常不容易，江东某医疗器材有限公司却将眼光瞄向了联合国。经过积极努力，该公司和联合国做成了医用纱布、绷带、棉卷等生意，今年预计能做 10 万美元，已成为固定的"联合国采购供应商"。

37. 外贸订单"加拿大"

　　金融危机发生后，许多国外批发商、零售商资金吃紧，采购量明显萎缩。象山一家大型服装企业负责人意识到，现在到了调整接单策略的时候，如果一味等着大客户上门下单，企业可能面临"无米下粥"的尴尬。为此，他们按"加起来拿大"的思路，接下了不少数量少、利润低的外贸订单，从而留住了客户，保住了市场份额。

38. 订货送股票送广告

　　受金融危机影响，鄞州某外贸上市企业外销市场萎缩，便挖空心思做好内销文章。据了解，该公司将于近期在甬召开一个有500人参加的全国订货商会议，并开展订货送股票活动，以现场拍卖形式实施。同时，该公司为鼓励经销商开拓市场，将租用电视频道对经销商一一进行宣传，这一模式将开创全国先例。

39. 专利产品占市场

　　宁波保税区某电池生产企业以全新技术完成了用液态低钠复合矽盐作为蓄电池电解液的科技发明，在世界蓄电池生产领域实现了一次技术革新。与传统的铅酸蓄电池相比，该产品具有抗腐蚀性强、对环境没有污染、有强大的高储备容量和快速充电能力等特点，先后获得美国、俄罗斯、澳大利亚、日本等多个国家和地区的发明专利，产品销势看好。

40. 打"李鬼"保品牌

　　宁波某外贸生产企业的产品是国内外知名品牌，但接连被市外多家企业仿冒。于是，该企业聘请来经验丰富的律师团队专打"李鬼"，连连得胜，吓得多家侵权企业偃旗息鼓。有意思的是，某侵权企业在付出赔款后居然甘为下臣，与宁波这家被侵权企业达成合作协议，双方成了开发国际市场的同盟军。

41. 内外兼修创品牌

　　慈溪某家电出口企业有两个产品品牌：一个是中国驰名品牌，主要用于国内销售；另一个是中国出口名牌，主要用于国外销售。该企业由于拥有内外两大品牌，好比双枪对准了海内外两个市场，大大增强了产品竞争能力，做到了东方亮西方也亮。

42. 智囊人物增财富

　　江北某进出口公司原先招聘人才主要看外语、营销等素质，为了应对日趋激烈的市场挑战，该公司去年招聘了一名懂宏观经济研究的人才。此君每天的任务是观察经济形势、研究有关政策、分析产品行情、琢磨股票期货，并经常向老总提出工作建议，为企业开拓市场提供了不少良招妙方。据该公司老总称，去年他一人为公司创利就达500万元。

43. 研发团队办企业

　　余姚某电子集团旗下有一批专业产品的生产和出口企业，这些企业的负责人几乎都是集团的研发人员，且都为企业创造了大量财富。原来，该集团老总习惯于让研发团队开发新产品，待新品开发成功便另建一新企业，并让研发团队组成领导班子，配送股权。此举大大调动了该集团科研人员的积极性，也使海外市场空间越来越广。

44. 无展位有大收获

　　慈溪某外贸生产小企业虽无广交会摊位，却有参展收获。今年春季广交会举办期间，该企业负责人和业务员都活跃在展馆相关展区，一见到重要"猎物"便跟踪追击，合适时便主动递上名片，提供样品或样本，甚至力邀外商到咖啡馆小坐。主动出击的结果，是他们真的将一些外商请到慈溪做客并签下了出口合同。

45. 搭船出海谋突破

　　宁波保税区某输变电在线监测设备制造商凭借雄厚的技术和产品优势，国内市场占有率长期保持在 60% 以上，但其国外市场还是空白。为了打开国际市场，该公司将产品介绍给承包国外电力工程的国内企业，从而搭船出海，由他们将技术、施工、产品、服务打包，顺利进入国外市场。该公司老总表示，只要老外在一个项目上尝到了我们产品的甜头，不愁他们不找上门来。

46. 咬住巨头不放松

　　宁波保税区某创业型公司专门研发、生产原油开采过程中油水分离并计量的设备。该公司在开拓国外市场过程中，大胆瞄准沙特、科威特等产油国的石油巨头，最终凭借产品在体积、价格、性能、维护等方面的绝对优势，成功拿到了沙特国家石油公司、哈萨克斯坦多相流分离计量项目以及国内中石油的订单，市场开拓之路豁然开朗。（该公司预计今年可实现销售收入 7000 万元人民币，签订合同金额 9000 万元人民币。）

47. 曲线进军国际市场

　　在全球金融危机持续弥漫的背景下，慈溪某电器生产企业自设门槛，以只与世界 500 强合作为目标，先做 OEM，触摸国际市场尖端，然后曲线前进，逐步实现从 OEM 到营销渠道合作、品牌合作，直至在国际市场上亮出自有品牌。今年前五个月，其产品销售数量同比增长 30%，有效提升了产品的国际市场份额。

48. 立足标准打市场

　　慈溪一家从事点支式幕墙和不锈钢制品生产的企业是国家制定不锈钢钢绞线标准的第一起草单位。该企业紧紧抓住技术标准之手，抢占行业制高点。他们成立研发实验室，平均每五天就有一项新产品诞生，平均一个月就有一款最新产品走向市场。目前该公司新研发的系列智能门窗机械传动和电气控制制造标准已经全面本土化，从而掌握了更多的市场话语权，并打出了一个大市场。

49. 专业展会约客户

　　宁波高新区某电池生产企业除了参加广交会之外，还专门参加国外专业展会，结识了不少大客户。前不久，该企业花费 10 万美元，赴美国参加了一场独特的对接会。与会的企业在度假村里采取点将的方式，邀请自己的目标客户单独"约会"，极大提高了成交概率。目前该公司订单稳定增长，外销利润率保持在 40% 以上。

50. 收购品牌得渠道

　　谁控制了品牌、设计和销售渠道，谁就容易获得商业成功。鄞州一家服装企业去年成功收购美国服装销售品牌，借助对方成熟的销售渠道，当年实现销售收入4亿美元。此举不但使该集团挺进了以往难以进入的美国市场，而且提高了知名度，为企业的国际化进程打下了良好基础。据悉，今后该集团还将继续收购国外著名品牌。

二　外贸转型

主编手记

细分时代

看了《三百六十行图集》，算是饱了一回眼福。我没想到古人竟有如此多的谋生手段，如打更、修脚、钉秤、补碗、制壶、修伞、撑船、卖瓜等，真是五花八门。但与当今社会相比，古人择业范围仍显得较窄且多为市井手艺。随着社会的进步，新的行业层出不穷且层次更高，如动漫、广告、创意、证券、猎头、物流、办展、传媒、网管、插花等，这都是古人难以想象、无法涉及的领域。况且，各行各业都可细分，如展会可分为商品展、艺术展、花卉展、航空展、发明展等；艺术展又可分为画展、书展、雕塑展、工艺品展、影视展、摄影展、文物展等；画展还可细分为国画展、油画展、粉画展、水彩画展、漫画展、宣传画展、连环画展等。从中不难分析，如今可供人们择业的何止三百六十行，说有三千六百行乃至三万六千行也不夸张。我何以提及行业细分，意在说明：外贸企业生产和经营应避免相互"克隆"，同类竞争，应另辟蹊径，错位发展，争当与众不同的"状元"。

1. 自造武器拓市场

　　许多高端产品的国内外市场为国际巨头所垄断，而中小企业往往由于技术和专业设备的限制，只能放弃努力，转型升级另作它想。但也有一些宁波企业即使是七拼八凑、自行设计改造，也研制出了先进的专业生产设备，成功晋级高端市场。专业生产汽车脚垫的宁波某公司，去年以来为奔驰汽车生产了3万余套汽车脚垫。而在此之前，国内生产的汽车脚垫大部分是低值易耗品，耐高温、极寒的高档汽车脚垫全部由合资和外资企业垄断，而且国际市场没有专业的汽车脚垫生产设备。该公司为进军高端市场，从日本进口基础设备，从德国以及国内机械厂商购入相关配套部件，请技术专家与公司技术人员一起改造、设计生产机器和流水线。经过半年多的自行研制，2009年5月起批量生产高端的汽车脚垫。其产品长期耐温可超过70℃，在－60℃条件下仍保持良好柔韧性，而价格仅有国外产品的1/10。两年来企业销售额大幅飙升，从2009年的250万元增加到去年的2000万元，今年预计将突破3000万元。目前，公司已成为奔驰、通用、大众、江淮、江铃等汽车厂商的配套商。

2. 先进设备减人工

　　劳动力成本上升是不可逆的趋势，这一背景下"用工难"和"就业难"并存，用工难问题严重制约了中小企业发展。但也有一些宁波中小企业通过升级到先进制造，反而因为劳动力成本上升得到新机遇。一家专业生产气动元件的宁波企业，金融危机前也是典型的劳动密集型企业，一度饱受用工难的困扰。近几年来，该公司全力向先进制造业升级，引进先进装备，加快自动化步伐，提升劳动者素质，今年随着大批自动化设备的到位，员工将减少一半，而销售预计增长30％以上。该公司还着力研究自身产品在生产自动化上的应用，以本厂的成功实践为基础，为客户提供自动化制造的解决方案，使自身产品价值倍增。从劳力密集型升级为装备技术密集型，他们避开了低层次价格竞争，如今已和国际一流品牌同台竞技：2010年自营出口438万美元，同比增长143.68％。

3. 依靠专利获利多

　　大量创新首先出现在中小企业，如果精于专利申请和保护，无论是发明专利还是外观专利，都可能为企业带来高利润。宁波某公司是鄞州姜山镇一家小企业。建厂17年来，公司以每月至少研发一项新产品的惊人速度发展，而且新产品都申请了专利。对侵犯其专利的行为该公司更是积极诉诸法律，令国内外同行不敢轻易抄袭，为自身和行业营造出良好的创新氛围。今年前7个月，公司已申请专利产品近百项，再次刷新历年纪录。在今年4月举行的第109届广交会上，他们推出了一款新产品行车记录仪，可随时随地记录车内、车身周围的情况，一旦车被划伤或擦到都能实时监控，像随车保安一样。当行车记录仪还在开发时，企业就申请了外观专利，避免投入市场后被同行仿冒，确保新产品的高额利润率。这款新产品出口单价达50美元，广交会上接了1万台订单，利润相当于卖500万美元的传统产品。

4. 自创品牌回报高

　　没有品牌，就只能屈居"微笑曲线"的底端，挣微薄的"辛苦钱"。在开拓国际市场中，越来越多的宁波企业走上了自创品牌之路。宁波某进出口企业很早就在法国、意大利、澳大利亚、新西兰、越南、亚美尼亚、阿塞拜疆、克罗地亚等国家，注册了两个商标。2007 年以来，这两个品牌出口创汇一路上扬，从 27 万美元递增到去年的 260 万美元，主要出口至俄罗斯、波兰、立陶宛等欧洲国家。今年，公司预计自主品牌商品出口额将达到 500 万美元。"现在公司 OEM（贴牌加工）的利润在 10% 左右，ODM（自主设计）产品在 20% 左右，自主品牌产品出口的利润更高。"公司总经办主任说。有人说创立品牌要产生费用，但现在看来，当年创牌的费用跟现在收益比起来是个小投入，而且越晚创牌费用越高。

5. 深度融入产业链

　　中小企业往往是给人做配套，给人无法掌握自身命运的感觉。但宁波一些外贸中小企业通过深度融入产业链来转型升级，做配套也做出了一片天。北仑某模具公司就是靠这个策略快速提升自身竞争力的。作为一家占地不到 10 亩、仅有百来号员工的小企业，该模具企业自主研发出多款汽配模具，并集中在汽车发动机模具领域深度开发，去年其汽缸头模具占了全国同类模具产量的一半以上，汽车发动机模具销售额突破 3000 万元，进入了日本丰田、韩国现代、一汽奥迪、大众、上汽等国内外汽车巨头的产业链。

6. 善引智力助研发

　　研发被许多中小企业认为是最大难题，但同时高校等机构还有大量科研人才与成果等待市场检验。与最早围着国企门口等"星期天工程师"一样，许多宁波中小外贸企业为破解内部研发人才不足的难题，再度发挥"千方百计"的创业精神，想尽各种办法积极和国内外高校、专业机构合作，引进智力助研发。生产园林工具和机械产品的宁波某公司近年来从境内外引进了100多名技术、设计高手，并与天津科技大学、西安交通大学等高校以及意大利某著名设计公司进行合作，公司每年开发的新产品达二三十只，其中地埋式洒水器、滴管等一批产品达到了国际领先水平，有的还是国内首创。最近，由6名研究生领衔的研发团队开发出一款大型割草机，用于私人花园、高尔夫球场等，在国际市场的销售价格高达25万元人民币，并且供不应求。由于自主研发的产品销路好、利润高，公司成功突破了生产原材料成本、人力成本和银行贷款利率上升的影响。

7. 绿色成就新希望

　　低碳环保不仅是压倒传统高污产业的致命稻草，更是宁波传统企业转型升级后在国内外市场上的通行证。宁波某包装公司原来只是一家生产纸箱、纸板等包装产品的企业，产品比较大众化，市场竞争力不强。今年初公司与高校合作启动了一项研发，在家电产品内包装上以环保低碳材料取代泡沫塑料，为新产品厂房建设及设备投入达 5000 余万元，目前研发成功并正式投入生产。该环保耐重压纸制内包装新产品，已取得日本松下公司的认可，可广泛应用于各种电器、陶瓷、橱柜等产品的包装。预计今年新产品可增加销售额 6000 万元至 1 个亿。据了解，该公司原材料主要依靠回收利用各种废纸箱。他们目前正在申报两项实用新型专利。

8. 依托出口做进口

许多油轮从海外满载离开又空仓驶来，许多货车从国内满载驶来又空车离去，这曾是宁波最常见的情形，因为大家擅长出口却疏于进口。在中国市场与消费力增长迅速的背景下，很多原来只做出口的宁波中小外贸企业开始兼做进口，以此转型动作成功破解了发展瓶颈。创始于 1999 年的某外贸集团目前各类产品年出口达 1 亿多美金，许多海外市场开拓已接近极限，于是他们开始尝试加大进口业务。利用强大的海外网络体系及国内 4000 余家的合作供应商网络，该公司成立了进口商品交易中心，重点进口健康、环保、高性价比的优质产品，并在加拿大冰川水、美国红酒、日本及东南亚大米、西班牙橄榄油等产品试销中初获成功。该公司还将引进 150 余种各国特色产品作常年销售。进口国际商品不仅有利于满足国内消费需求，还有利于国内相关企业及时掌握国际商品趋势和行业动态，提升企业国际竞争力。

9. 内外齐拓门路多

　　宁波某外贸企业的转型升级路子是"内外双修"。"外"即是积极拓展海外市场，在境外构建多层次多渠道的营销体系，如在巴西圣保罗设立巴西宁波贸易中心，如今已累计出口 5000 万美元，其中 90% 以上为高新技术产品，带动了大量宁波产品的出口。而"内"即是努力创建自主品牌，实现从无牌贴牌到自主出口品牌、从普通品牌到自主出口名牌的转变。目前公司已有六个品牌和两项专利在国内注册，并大力支持和鼓励各业务部在产品出口和各类展会上使用公司品牌，给予摊位费补贴和出口奖励。今年全年自有品牌产品出口额预计可达 600 多万美元。受益于外有销售通路、内有自主品牌的支撑，该公司去年出口过亿美元，同比增长 11%；进口近 2000 万美元，增长近 50%，全年利润同比增长超过 26%。下一步，他们还将加快国外商标注册进度。

10. 投资员工回报高

　　员工并不只是成本，更是公司的核心竞争力。在宁波，很多中小企业开始抛弃工厂思维，着力在员工培养和团队建设方面下大本钱，取得丰硕成果。某外商投资企业提供一系列丰富的培训课程帮助员工成长，运用科学的绩效管理体系实现公司目标与个人目标的双赢，重金打造具有世界竞争力的人才团队。员工能力和素质的双重提高，为该公司自主研发出 EMP U35 集成 WCDMA3.5G 的多频段技术平台以及 3G、4G 移动手机外观设计、结构设计、硬件与软件设计提供了充足保障。其客户包括 Vodafone，SFR，INTEL 等世界五百强。公司去年销售过亿，预计今年将达到 1.4 亿元人民币以上。他们最大的投入，就是对员工的投入，预计今年底研发人员将超过 500 人。

11. 小小创新取大胜

　　创新并不高不可及，有时候一个小小的变化和改进就是创新，日积月累就构成了别人无法模仿的优势。宁波许多劳动密集型企业，借助简单创意改变和产品翻新，不仅接到了可观的订单，而且利润率大幅攀升。以生产一次性塑料打火机为主业的慈溪某企业，其多数产品与其他打火机企业差不多。今年2月，公司自主研发了一款充电式打火机，其外形既像MP3又像U盘，机身侧面内嵌了一个微型USB的接口，不用气体也不用煤油，是用电池完成充电，既安全又环保。这款新产品一次性充电后至少可以使用6万次，出口价最高可以卖到5美元，利润率在30%以上，而传统打火机出口价不到1元人民币、利润率只有5%左右。公司总经理介绍说，充电式打火机的技术并不复杂，只是一系列细小创新的集成，但不钻研创新，就想不到能做出这么受市场欢迎的新品。

12. 创意也能救市场

依靠信息优势与外贸专业服务，沟通国际客商与国内工厂，但这种传统模式下，因原材料成本上升等多种因素，外贸公司的利润率正在下降。受制于此，近年来某家居进出口公司出口额一直徘徊在 9000 万到 1 亿美元之间，出口平均利润率则从 4.5% 下降到了 3% 左右。公司意识到再靠传统模式很难阻止利润率下滑，于是尝试在运营产品中增加创意设计，以提升附加值，挽救下滑的市场。为此，公司斥资 600 多万元在北仑成立了研发中心，主攻产品创意设计。自今年 2 月运营以来，有 300 多个品种的家居产品花色和外观焕然一新。附加了创意设计的新产品，利润率提高了约 2 个百分点，成功抵消了不利因素，并且订单看好。据了解，该公司接下来将对3000 多个品种增加创意设计。

13. 以工转民商路广

　　工业制造是宁波的传统优势，大量中小外贸企业的客户以大工厂为主，提供原料供应、零件配套和加工，为生产服务，离民生消费较远。从单纯服务工业转型为民生消费品供应商，也是宁波中小外贸企业摸索出的有效转型路径。宁波某企业主营业务最早是生产普通纱线。2006 年，该公司意识到劳动密集型产业无法持久，抓住了"十一五规划"中国家支持发展新材料的契机，从传统纺织纤维跨越到超细纤维。5 年来相继开发了纳米级、抗菌类、环保型等几大类超细纤维，去年出口 1 万多吨，销售额达到 2 亿元，远销 100 多个国家和地区。如今，公司又积极进军超细纤维产业的后道工序——开发生产卫浴、毛巾、浴巾等清洁用品，并准备大批量生产。直接向家庭消费者提供超细纤维材料的日用品，给了他们更大的发展空间。

14. 微博平台引粉丝

　　许多中小外贸企业拥有很好的产品，但苦于缺乏品牌和渠道，自建品牌和销售渠道又受制于资金问题，从单纯加工向工贸一体的转型努力受挫。宁波一些企业通过微博传播与网络营销，采用全新的电商模式，投入不高，效果不错。如宁波某企业早在去年3月就开通了官方微博，还开通了专用于活动发布的微博以及网购微博，粉丝均在1万左右，加上旗下各品牌、卖场店和销售代表，一共开通了140多个微博账号，粉丝总数有几十万之多。目前该企业已运作了5个服装服饰品牌、4个家纺品牌和两个鞋类品牌的电子商务交易，今年1~6月全球销售额达2.6亿元，预计全年销售额将突破10亿元。

15. 两头在外攻"堡垒"

　　宁波一些外贸企业通过设立自主渠道，减少中间环节，使产品更加接近消费者，获得了更大的利润空间。如某电器企业原来出口市场仅在中东及东南亚地区，年出口只有 100 多万美元。他们在法国巴黎设立办事处，聘请 2 名当地销售员，仅依靠两名法国"洋枪手"就撬开了坚固的欧洲市场"堡垒"，年出口近千万美元。目前耀泰电器已在德国成立一家销售分公司，在北美、中东地区设立办事处，自主渠道的设立增强了公司的出口产品定价权。今年上半年，在欧美市场疲软的不利国际形势下，实现销售额 1.81 亿元，同比增长 15%。某玩具公司则通过设计人员的本土化打开了国际市场。公司聘请了 2 名德国玩具设计师，专门负责欧洲市场玩具的设计。设计出来的玩具，无论是在创意元素、色彩搭配，还是在玩具功能上都比较适合欧洲消费者。据公司副总经理介绍，目前他们销往欧洲的玩具80% 以上都是当地设计师创意设计的作品。

16. 替代材料做新品

　　原材料价格波动导致很多企业丧失传统价格优势，订单与利润流失的风险加大。宁波一些企业动起了产品原材料多样化的脑筋，寻找替代型原材料，并针对自己熟悉的国际市场、大客户开发新品，不仅提高了谈判议价能力，还节省了新产品的营销费用。可谓老路走出新意来，顺风顺水。如宁波某公司原来只做单一的铝制炊具，主要出口日本，但铝材涨价对公司的市场竞争力影响很大。于是该企业增加了以不锈钢、橡胶、塑料、陶瓷等为原料的厨具，并自己投资了一家陶瓷厂。从只生产铝锅，升级到制造上千种各种材质的锅碗瓢盆，并由于集中成套供货，掌握了与日本大客户的合作主动。公司董事长介绍说，研究日本市场发现当地消费者需求多样化，日本客商需要采购成百上千种商品，客户以前向他们采购铝制炊具时，也要向其他厂家采购不锈钢等厨具。公司今年新推出的一款以橡胶为原料的锅，成本大幅下降，出口单价提高了 10% 以上。借用了公司原来的市场与客户资源，开发新品反而省去了许多成本。

17. 瞄准巨头攀高亲

　　每一个优秀的大企业周围，都会形成一批同样出色的配套企业。瞄准行业"巨无霸"，攀上高亲甘当"名配角"，是宁波中小企业转型升级的一条捷径。象山某模具制造厂最早寂寂无名，争取成为法国空中客车公司的四级供应商时，在"空客"生产序列中也仅为一个无名小卒，年产值徘徊在几百万元。后来，公司购置了大型机械设备，加强与科研院所的合作，从四级供应商一跃成为二级供应商。目前空中客车公司 A380 等型号飞机的风道模具 90% 由其生产，并开始参与"空客"的部件设计、重要概念商议。这意味着，该公司在"空客"供应商体系中地拥有了一定的话语权。去年，公司完成产值 1500 万元，较四级供应商时的产值翻了 6 倍。

18. 网上开拓新市场

　　在"中国针织名城"象山，当地针织产业已经形成从棉纺、织造、印染、绣花到成衣的针织服装全产业链，生产水平和产品质量达到行业最高层次。在此背景下，一部分企业不再满足于单纯制造规模的扩张，从埋头建工厂向尝试网络虚拟经营转变。最近，某企业在其电子商务网站推广自主品牌，所有网购服装统一使用这个全新的品牌。公司计划每年投入上千万元用于品牌营销和市场推广。集团董事长认为，这种无形资产的投入比固定资产投入更为重要。目前，该集团电子商务网站日点击浏览量近万人，来自全球各地的注册会员突破 1500 人，其自主品牌针织服装每天网购量达到了三位数。

19. 投其所好抢商机

　　危机往往就蕴含着商机，因为危机中大量消费需求、消费习惯的变化，也是中小企业转型升级的良好机遇。主营厨房小家电的宁波某贸易公司，以出口美国为主，2008 年年初，当金融危机的端倪刚露出苗头之际，公司就找到了其中蕴含的商机。他们发现美国人外出就餐的人较以往少了，待在家里看电视的人多了，该公司传统零售市场的份额在下降。他们主动求变，对出口美国市场的食品料理机进行改良，既可以做比萨，也可切丝切片，兼带加工婴儿食品，并以电视直销来推广。由于公司出口的食品料理机价格竞争优势明显，美国消费者在电视上看到直销广告后，引起了一波抢购潮。

20. "口红效应"促销售

口红效应

　　受美国主权信用评级下调事件影响，最近美欧市场再次出现"口红效应"。据美国媒体报道，7月份许多商场的口红、面膜销量大幅上升，而做头发、做按摩等"放松消费"也很有人气。这即是著名的"口红效应"，即经济波动时期一些平价商品、休闲娱乐及增值服务会有显著增长。宁波一些中小外贸企业主动转型升级、调整产品结构，抓住了"口红效应"带来的机会。某贸易公司受此启发，以现有产品和技术为依托，为各相关宾馆、酒店、工化企业提供防霉加香等服务。今年上半年，公司累计销售额达 1600 万美元，同比增长 45%。

三 进口贸易

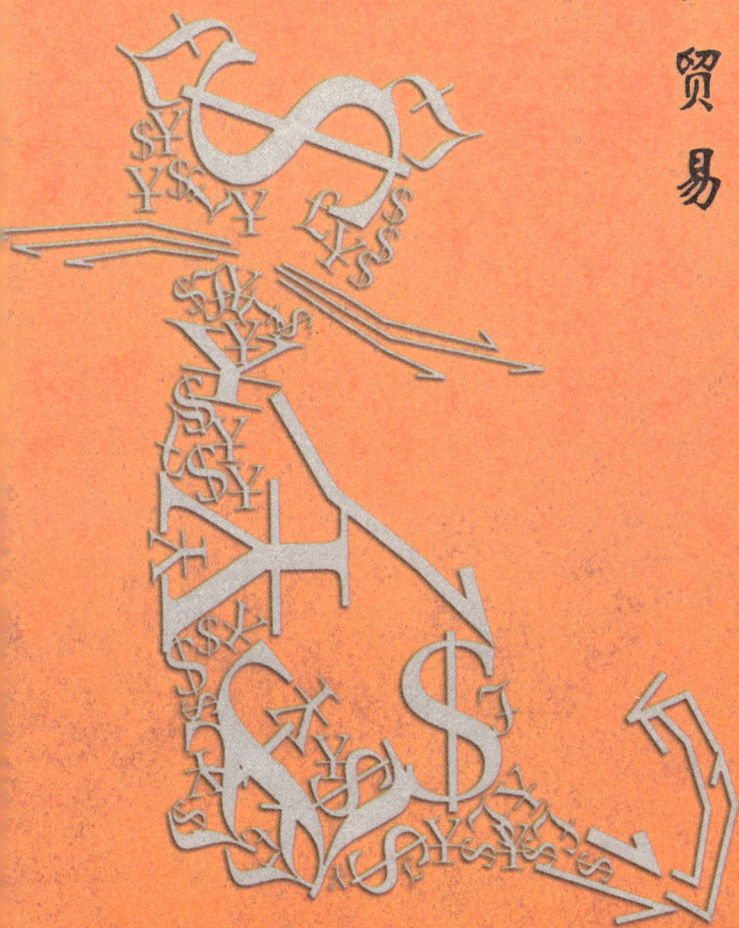

主编手记

有关中国进口的几个观点

在2010年中国进口论坛演讲中,我提出了有关中国进口的几个观点:一是近年来全世界没有一个国家像中国那样重视推动进口贸易发展;二是有关国家既抱怨中国开放进口市场不够,又禁止对华出口高新技术产品,这好比有人到饭店就餐,店家明知他想吃红烧肉而拒绝提供,偏要让他点不喜欢吃的萝卜;三是当年美国曾逼日本扩大进口美货,现又逼中国也这样做,所不同的是,中国企业没有日本企业的进口待遇;四是有关国家禁止对华出口高新技术产品,导致中国企业从别处寻求进口并自主研发、生产高新技术产品,从而使这些国家丧失了对华出口机遇;五是如果有关国家感兴趣,宁波愿随时与之洽谈设立该国商品展销中心事宜;六是2009年宁波进口额比2006年净增87亿美元,也就是说,每个宁波人平均多买了1500多美元的洋货;七是随着中国进口环境的不断改善,届时有的国家会抱怨中国进口太多了。

1. 六大渠道识客商

进口商

　　上哪里去认识可靠的进口客商呢？宁波外贸公司总结出了六个迅捷有效的渠道：一是从来访的外国经济访问团、市场调查团、参加国际展览会的国外团组中选择贸易对象。二是出国考察或者参加国内外举办的国际商展，直接接触国外客户。三是深入当地客户公司主页或其他商务环境，以国外外文网站为主，国内网站可做一般性参考。四是进一步深入了解客商的资信情况及公司背景、实力、规模等。五是专业征信机构。国际上著名的专业征信机构如邓百氏等大都在世界主要国家有分支机构，对于一些中小企业或信息不全的公司，可以通过企业所在地的征信机构得到较客观的了解。六是通过正规媒体如《国际商报》等发布的信息寻找目标客户。

2. 四看客商知资信

　　宁波国家高新技术开发区某公司选择进口客商有一套"四看"法：一看支付能力。主要考察客户的注册资本额、营业额、潜在资本、资本负债和借贷能力等财力状况。二看经营能力。分析了解客户的供销渠道、联系网络、贸易关系、经营做法等经营活动能力的大小。三看经营作风。看企业的商业信誉、商业道德、服务态度、公共关系等是否良好。四看经营范围。掌握客商经营的商品品种、业务范围及是否与我国做过交易、客户背景等情况。这样"看"下来，该公司在选择客商方面还从没走眼。

3. 以点带面拓市场

　　慈溪市某进出口公司以本地市场需求为着力点，在对市场深入调研后，代理了一个国外的传动带品牌，并重点联系了一家本地的优质企业作为突破口。为得到客户信任，公司多次安排样品叫客户试用。经过反复磨合，得到了客户在质量上的信任，开始了愉快的合作。然后把对该企业的合作作为范例，现已成功联系了多家相关企业。

4. 整合资源签长单

　　江东区某从事资源商品进口业务的企业，注重整合国际客户资源。在与国际矿业企业合作中，积极与巴西淡水河谷、俄罗斯 Norilsk、嘉能可、日本住友、澳大利亚 BHP 等大企业建立中长期合作关系，签署长单。在加强对国际客户资源整合的同时，也提高了公司在行业内的影响力和话语权。公司用 10 年时间实现了年销售额从 2 亿元到 100 亿元的迅猛增长。

5. 对症下药定方式

　　熟悉各类贸易制度和规则，总结比较各自利弊，根据商品交易和自身需求的不同，在转口、保税或进口加工贸易等方式中选择最适合的一种，这是海曙区某进出口公司多年来的经验。该公司发现，转口贸易效率较高，通关较快，资金周转较快，适合行情变化快、波动大的商品交易，以减少汇兑损失，提高运作效率；保税贸易则适合大宗周期性商品整批择机进口，分批或周期性出货，降低关税成本和交易成本，进口加工贸易适合全外销型企业的运作等等。

6. 自用代理两相宜

　　宁波市某集团所属进出口公司，原为集团对外联系的主要窗口，负责整个集团内所需的设备进口，如生产空调的冲床设备、生产空调配件的贴片机、自动插件机等，从而保证了集团生产技术保持先进水平。由于该公司对进口业务流程和渠道非常熟悉，在集团自用产品进口服务的基础上，还为宁波某民营医院代理进口了一批先进的设备和仪器，使该医院的医疗设备居宁波民营医院的领先地位。

7. 链式合作显优势

  鄞州区某公司从事塑料原料进口贸易，近年来销售额快速增长。这要归功于该企业的经营法宝：链式合作。这家企业与国内外上游石化工厂、贸易商及下游工厂，确立了比较稳固的互利合作关系、稳固渠道和终端相结合的销售方式，并且与区域贸易商和终端制造工厂建立了货源稳定且价格合理的供货方式，建立起了一套符合市场要求的塑料原料供应链模式。

8. 代理升级变合资

　　某台商尽管进入中国市场多年，在大陆设有多家办事处，拥有多个资源类产品在大中华、东南亚地区的独家代理权，但没有在我国注册具有独立法人地位的公司，不具备独立开展业务的资质和条件，其在大陆的业务需要通过代理公司帮其对外开证、对内销售。于是，海曙区某公司抓住这一契机，成为其代理商。由于公司提供了优质服务，从而得到台商的肯定和协助，并在台商帮助下与境外供应商洽谈，取得直接订货权，同时，这家企业在不影响台商客户的前提下，积极开拓新的市场，逐步建立了自营销售体系。目前，该公司正与台商筹办合资经营企业，将台商的货源渠道（包括多个资源类产品的代理权）及公司和台商在该系列产品的国内市场，全部并入合资公司，由合营公司全面开展进口业务。

9. 期货对冲保收益

　　国际市场变幻莫测，特别是大宗物资进口遇到价格剧烈波动，其风险令人望而却步。但是，宁波某公司始终在扩大进口，并且效益增长稳定。该公司的秘诀是，利用国际市场现货与期货价格差距、期货市场风险规避等一系列保障业务稳定开展的辅助工具，如在现货市场暴跌时，通过期货市场上的做空套保，对冲了现货市场上的深幅下跌。这样，企业尽管在现货市场损失很大，但在期货市场却因为在相对较高价位卖出建仓（并在相对低位买入平仓），以高卖低买方式获得了可观的收益，弥补了现货经营损失。

10. 货币支付有讲究

　　宁波国家高新技术开发区某公司在进口商品成本控制方面，除了"货比三家"，选择价格和质量性价比最优的品种，还注重对进口商品交易币种选择。针对人民币不断升值的趋势，该公司尽量采用美元等币值平稳或下滑的货币付款，从而降低了进口商品经营成本。

11. 境外结算避损失

　　很多企业既有出口业务又有进口业务，存在资金的频繁进出与汇兑问题，在人民币升值与国际货币汇率变动的背景下，经常有汇率等方面的损失。慈溪市某生产企业也如此，该公司出口赚取了大量美元，但人民币升值带来了压力。于是，这家企业他们采用境外结算方式，将赚到的美元在境外采购物资，用以开展加工贸易。同时，还开展进口业务。目前这家企业已基本做到年进口额大于出口额，既规避了人民币升值带来的冲击，又降低了进口货物的采购成本。

12. 套期保值稳贸易

　　资源商品的价格与国际资本市场价格波动紧密联系，例如伦敦金属交易所（LME）的挂牌镍价直接影响国内价格。为此，江东区某公司既通过国际期货市场进行套期保值，又给客户提供实物交易的"套期保值"服务，这为客户控制成本提供了便利，客户在出口时能转移价格变动因素，放心拓展贸易。

13. 银行信用消疑虑

　　鄞州区某进出口公司经营设备进口业务，因为设备单价高，金额较大，产品风险和资金压力较重，公司不敢贸然付款，供应商也不敢轻易供货。为此，该公司办理了进口信用证业务，并留有一部分余款，将在设备验收后通过公司签发的设备验收合格证作为承兑的条件。这既保证了公司货款资金的安全，提升了资金使用效率，又使供应商放心交货。

14. 进出货代同一家

　　对于进口货物运输及货代公司的选择，宁波有的外贸企业依托自身出口量大的优势，与一些专业的、有实力的货代公司进口部门合作，与总公司签订合同，在出口合作基础上，扩大进口合作。这种将进口货代捆绑到已有出口货代的办法，可以在费用及运输成本上得到更多实惠。

15. 进口保险保安全

　　进口商品由于环节较多、链条较长，蕴藏了一定的风险。为此，许多宁波外贸企业在降低进口商品市场风险方面，主动办理保险业务，为进口商品投保，通过这个行之有效的办法，可以减少投入，把风险降低到最小程度。

16. 金融工具抗风险

　　江东区某公司经营的进口资源商品业务的交易金额很大，并有财务运行风险。为此，该公司尽力依靠现代金融手段管理控制经营风险。公司与银行积极合作，通过银行为公司提供信用担保贷款、货物抵押融资等方式化解风险，使企业可以放心开展进口贸易。

17. 谨慎审单识诈骗

　　海曙区某进出口公司曾代理过北方一家矿业公司与印尼一家公司的 50000 吨镍矿进口生意。那家印尼公司因镍矿价格上涨等原因，违约不发货且两次提供虚假的提单复印件，并将单据提交银行议付。因此，进出口公司当即采取措施：一是严格审核银行议付单证，发现三条不符点，立即通知银行拒付；二是根据调查核实对方提供的提单和质量证书均属伪造，马上向公安局报案。由此避免了一起重大诈骗案。

18. 助人解困终助己

　　国际金融危机时大宗商品价格暴跌，一家通过宁波某公司代理进口铁矿石的北方公司，因亏损额高达1亿多元而濒临倒闭。当时宁波某公司压力很大，但没有一味采取法律手段追诉，而是和北方公司积极沟通，设法帮助对方开展业务。通过北方公司一年的不懈努力，终于弥补了1亿多元的亏损。2010年，该公司进口业务大增，全年委托宁波公司代理进口铁矿石129万吨，贸易额达1.8亿美元，成为宁波公司最稳固的大客户。

19. 市场产业共发展

　　镇海区化工进口交易市场以液体化工产品为主营商品，依托临港优势和周边产业基础，设立了全国第一个液体化工产品交易平台"中国液体化工交易网"，并入选国家信息化试点单位。目前该市场共有企业 350 家，其中 70% 来自外地。在液化品网上交易平台进行真实交易的会员企业已达到 2000 家，遍及全国各地，从而实现了专业市场与化工产业的共同发展。

20. 创新带来新局面

　　江东区某公司有 10 年废料贸易经验。该公司多年积累的大量供需信息、客户资源，创新商业模式，成功打造出"世界废料网"，并在国外设有多个分支机构。2005 年正式上线后，这家企业依托强大而稳固的国外供货体系，立足废料再利用产业，涵盖废塑料、有色金属、废纸以及机械等领域，为国内外客户提供第一手的废料行情、网上废料交易平台和安全、快捷的网下废料贸易等特色服务。目前，网站已拥有专业会员 12 万家，海外供货商 8000 多家，日点击量超过 20 万。世界废料网旗下中文站（www. worldscrap. cn）与国际站（www. worldscrap. com）两大平台有机联系，废料资源进行了全球化整合，可实时获取全球期货行情、各地现货价格。可见，一个新的商业模式，形成了新的进口贸易优势。

四
汇
率
避
险

主编手记

质疑有关专家的预测

常有名家谈及人民币升值所致影响，让人听了不免心惊肉跳。记得2005年国家启动汇改时，有专家预测人民币兑美元每升一个百分点，失业者将达150万。如今，人民币兑美元已升至20%以上，如按那位专家的说法，至少该有3000万工人已流落街头，成无业游民了。事实是，许多企业并无裁员，都为招不到工人伤透脑筋。前不久，著名学者郎咸平又预测："美元兑人民币若跌破6.5，那一半外贸型制造企业将面临生存危机，换句话说会'死掉'"。对此，我不敢苟同却有不同看法：人民币升值压力可由生产、出口、货代、仓储、运输、进口、批发、零售、消费等各方分担。就外贸型制造企业而言，我们应积极引导其加快产业升级、挖掘管理潜力、提高产品价格、开拓内外市场、实施以进补出，等等。据我预测，美元兑人民币迟早会跌破6.5，不少外贸型制造企业将面临更大压力，但不至于有一半"死掉"。

1. 贸易融资工具避险

  使用贸易融资工具避险，主要有出口押汇、进口押汇、出口商业发票贴现、福费廷、出口信用保险项下的贸易融资、出口订单融资、保理等。

2. 金融衍生产品避险

使用金融衍生产品避险，主要有人民币远期外汇交易、远期外汇买卖、外汇期权、掉期交易、套期保值等。

3. 加强涉汇时间管理

　　加强涉汇时间管理，主要是加紧出口收汇，尽早结汇以及尽可能延期买汇。

4. 以"进"付"出"

　　增加直接用汇的频率及额度,以"进"付"出"。即以收进的外汇直接支付外汇账款,可实现汇兑收益与损失的对冲。

5. 择机结汇

结汇 购汇

关注汇率变化，择机结汇。即借助于人民币汇率弹性浮动机制，在汇率较高时结汇，在汇率较低时购汇。

6. 缩短报价有效期

　　配合售货周期，缩短合同报价有效期。如根据汇率变动情况实行梯度报价，避免签订过长期限的进出口合同等。

7. 合同收汇时间提前

签订出口合同时尽可能将收汇时间提前，此举有利于加速资金周转并可减少汇兑损失。

8. 加列汇率风险条款

　　在合同中加列汇率风险条款。即在合同中约定合同各方对汇险的各自承担责任，如：规定在一年以内，如人民币汇率升值不超过2%，损失由出口商承担；超过3%的，2%由出口商承担，1%由进口商承担等。

9. 选择有利合同货币

　　选择有利的合同货币争取本币结算，进口或向外借款时争取使用已经或将要持有的外币等。

10. 汇率风险成为成本因素

汇率风险

　　加大新产品开发，在新产品成本中计入汇险因素，使汇率风险成为新产品的成本因素之一。

11. 以规模效应弥补汇率损失

　　巩固和开拓国内外市场，以规模效应弥补汇率损失。如采取稳定老顾客、开拓新客户的办法，积极扩大销售等。

12. 汇率损失多方分担

　　适当提高售价，实现汇率损失的多方分担。即在对产品市场竞争力进行充分调查的基础上，对部分市场竞争较强的产品采取适度提价措施，使汇率损失得到一定程度的分担。

13. 提高生产和管理效率

　　改进工艺，节约成本，提高生产和管理效率。生产企业主要通过改进生产流程、降低材料单耗，增加边角料的利用以及控制管理费用等节约成本；流通企业则主要通过降低产品进价和控制管理费用等节约成本。

14. 提高产品附加值

通过树立品牌、产品认证及技术创新，提高产品附加值。

15. 跨境贸易人民币结算

　　用好宁波市成为第二批跨境贸易人民币结算试点城市的政策，开展人民币跨境贸易结算。

16. 参加汇率风险管理培训

参加宁波市专门为外经贸企业组织的各种汇率风险管理培训班，加快提升汇率风险管理水平。

17. 经营方式多元化

逐步实现经营方式多元化，如开展进口贸易和加工贸易。

18. 推进市场多元化

　　逐步推进市场多元化，如扩大内销、积极开拓新兴市场、将生产链、销售链延伸到海外等。

五
企
业
融
资

主 编 手 记

服务思路演变路径

　　我梳理了宁波外经贸发展脉络。从中发现，我市外经贸服务阶段性特征明显。20世纪八九十年代，宁波外经贸服务主要是大会发动、上门指导、加快审批、争取资源、笑脸相迎等传统服务；进入新世纪后，联动服务和创意服务成为服务亮点，从而建立了关贸、检贸、银贸、财贸等合作机制，推出了"拨浪鼓"、"孵化器"、"红苹果"、"哈里斯"等服务产品。前几年，外经贸服务拓展至公共服务，相继打造了信息、政策、人才、商务、融资、法律、研发、预警等公共服务平台，建立了外经贸公共服务体系。进入"十二五"以后，我市外经贸除了继续加强传统服务、创意服务、联动服务、公共服务，又提出深化服务，包括主动服务、特色服务、配对服务和点题服务等。

1. 利用进口减免保证金开证

　　A公司进口一批原材料，出口方要求在进口信用证保障下方可发货。由于A公司资信实力较强，银行在对A实行减免部分保证金的情况下，给予企业足够的进口开证信用额度，取得了开证支持，企业顺利达成进口。

　　相关知识：进口减免保证金开证是指银行应进口企业的要求，在全部或部分减免保证金的情况下，开立进口信用证。适用于缺乏足够的现款开立信用证，能获得银行授信额度的进口企业。

2. 利用未来货权质押获得进口授信

　　A公司从事有色金属的国内外贸易，上游主要为国际上较为知名的有色金属企业，下游主要是国内较为知名的企业。A与其上游的结算方式主要为即期或90天远期L/C，与下游以转账方式结算，整个贸易周期一般为3个月。银行根据企业的贸易优势，按照授信审批规定让企业交纳一定比例的保证金后，对减免保证金部分以信用证项下未来货权为质押开立信用证，银行通过控制信用证项下的货权，监控进口商的买卖行为，并采取必要风险控制手段，解决了企业缺少足额抵押担保的困境，支持其进一步做大做强进口业务。

　　相关知识：未来货权进口质押授信是应进口商申请，在进口商根据授信审批规定交纳一定比例的保证金后，对减免保证金部分以信用证项下未来货权作为质押而开立信用证的一种封闭式短期融资授信业务。适用于没有其他抵质押物品或担保、以信用证方式结算、拟进口的货物符合银行货押商品目录制度的进口企业。

3. 利用进口代收项下货权质押授信

　　A公司以付款交单（D/P）方式进口一批金属材料，以B银行为进口代收行。B银行根据企业的贸易优势，按照授信审批规定对减免保证金部分以代收单据项下的货权为质押对企业融资外以支付货款。银行通过控制代收单据，将货物置于指定监管方监管之下，解决了企业缺少足额抵押担保问题。

　　相关知识：进口代收项下货权质押授信是指企业以银行为进口代收行办理进口代收业务，在收到全套单据后，将单据项下的货权质押给银行，并申请融资以支付进口代收项下货款，待货物到港后付款赎单提货，或者由单据项下货权质押转为现货质押。适用于采用付款交单（D/P）方式、授信额度通过该银行交办进口代收业务及单据的企业。

4. 利用进口押汇获得融资

　　A 企业进口一批塑料制品，因遇到临时资金周转困难而无法按时付款赎单。经申请，B 银行在进口信用证项下为企业核定了授信额度。在此基础上，企业向银行提出进口押汇申请并得到银行支持，由银行为企业对外垫付了进口货款，使进口业务得以顺利完成。

　　相关知识：进口押汇是指银行在进口信用证或进口代收项下，凭有效凭证和商业单据代进口商对外垫付进口款项的短期资金融通，按结算方式分为进口信用证押汇和进口托收押汇；按押汇币种分，可分为外币押汇和人民币押汇；按垫付资金来源分为自有资金对外垫付和海外联行垫付（海外代付）。适用于进口商遇到临时资金周转困难，无法按时付款赎单或进口商在付款前遇到新的投资机会，且预期收益率高于押汇利率的情况。

5. 利用提货担保实现及时提货

　　A企业自东南亚进口一批矿产品，货物已到港，而货运单据尚未到达。为了尽早提货，A凭提单副本等文件向B银行申请提货担保，得到B银行支持，实现了即时提货。

　　相关知识：提货担保是指当进口货物先于货运单据到达时，进口商为办理提货向承运人或其代理人出具的，由银行加签并由银行承担连带责任的书面担保。多用于信用证项下，且信用证要求全套货权单据。适用于海运航程较短、货物早于单据到达的情况。

6. 利用汇出汇款融资

　　A企业以货到付款结算方式进口一批矿制品，因有新的投资机会且预期收益率高于融资利率，决定通过向银行申请汇出汇款融资来实现资金收益最大化。经申请，B银行在授信额度内为企业对外垫付了货款，A企业则在融资款到期时才向银行付款以归还融资款项。

　　相关知识：汇出汇款融资在货到付款结算方式下，银行凭汇出汇款项下的有效凭证和商业单据代进口商对外垫付进口款项的短期资金融通。适用企业：（1）进口商遇到临时资金周转困难，无法按时付款；（2）进口商在付款前遇到新的投资机会，且预期收益率高于融资利率。

7. 利用进口双保理融资

　　A 企业为一大型农产品进口商，向境外 C 公司进口一批农产品。由于 A 企业在交易中占据强势地位，遂提出以赊销方式进行交易，于是 C 公司向境内的 B 银行申请了进口双保理。之后，B 银行为 A 企业核定了信用额度，并负责对 C 公司提供应收账款催收、资信调查、坏账担保等服务，最终 A、C 两家企业成功达成此笔进口业务。

　　相关知识：进口双保理是银行应国外出口保理商的申请，为某一特定的进口商核定信用额度，并向出口商提供应收账款催收、资信调查、坏账担保等服务。按是否将应收账款转让通知债权人分为公开型进口双保理与隐蔽型进口双保理。适用于进口商占强势地位，不愿以信用证等方式向出口商提供信用支持，而希望以赊销等信用销售方式进行交易的情况。

8. 跨境人民币远期信用证境外融资

　　A 企业为跨境贸易人民币结算试点地区企业，向境外 C 公司进口一批农产品，经商定以一年期远期人民币信用证方式结算。为了获得境外较低成本的融资并实现理财目的，A 企业向 B 银行申请跨境人民币远期信用证境外融资。由 A 企业将人民币保证金存入 B 银行，并叙做一年期理财，B 银行开出收益人为 C 公司的人民币信用证，C 公司立即在海外银行办理出口押汇，以低成本解决融资需求，达到了互利互惠目标。

　　相关知识：跨境人民币远期信用证境外融资是指在跨境贸易人民币结算方式下，银行为境内客户开出受益人为境外关联企业的跨境人民币信用证，境外机构申请在海外银行办理出口融资，同时在海外银行办理 NDF 汇率锁定，信用证到期日由银行汇出该笔跨境人民币信用证资金偿付海外银行的融资方式。

9. 利用打包贷款融资
（又称"装运前融资"）

  A 公司是一家服装纺织生产企业，接到美国客户的 400 万美元出口订单，结算方式为后 T/T30 天。为了履行合同，A 企业需要在国内进行相关的货物采购、生产和装运，由此产生了资金短缺。经推荐，A 企业以打包贷款方式向 C 银行申请融资，C 银行按出口订单额的 80% 给予 A 公司融资，融资款项专项用于 A 公司向上游采购原材料。货物出运后，A 公司通过 C 银行交单并申请办理出口押汇，用于归还融资款项，实现了在生产、采购等备货阶段均不占用出口商自有资金的目的。

  相关知识：银行应信用证受益人（出口商）的申请向其发放的用于信用证项下货物采购、生产和装运的专项贷款。适用于已收到进口商银行开立的信用证，但备货资金短缺的出口企业。

10. 利用出口押汇融资

　　A公司为一流通型商贸企业，现以信用证方式出口一批纺织产品，货物已出运。为了加速资金流转，公司采取出口押汇方式向银行进行融资，使其在进口商支付货款前提前收回货款。

　　相关知识：出口商发出货物并递交信用证或合同要求的单据后，银行凭所交单据向其提供的短期资金融通。产品功能：用于满足出口商在信用证或托收项下的短期资金融通需求。该产品分为信用证项下单证相符押汇、信用证项下单证不符押汇、D/P托收押汇、D/A托收押汇等几类。按押汇币种分，可分为外币押汇和人民币押汇。

11. 利用出口贴现融资

　　A 公司为一流通型商贸企业，现以远期承兑信用证作为结算方式出口一批电子产品。由于公司遇到临时性资金周转困难，故采取出口贴现方式进行融资，实现了即期收回远期债权目的。

　　相关知识：出口贴现是指银行在出口信用证项下从出口商购入已经银行承兑的未到期远期汇票或已经银行承付的未到期远期债权或在跟单托收项下购入已经银行保付的未到期远期债权，用于满足出口商在远期信用证项下的短期资金融通需求。适用企业：（1）出口商流动资金有限，依靠快速的资金周转开展业务；（2）出口商在获得国外银行承兑/承付/保付后、收款前遇到临时性的资金周转困难；（3）出口商在国外银行承兑/承付/保付后、收款前遇到新的投资机会，且预期收益率高于贴现利率。

12. 利用福费廷融资

　　某机械设备制造企业 A 公司拟向中东某国 B 公司出口机械设备。该种设备的市场为买方市场，市场竞争激烈，A 公司面临以下情况：（1）B 公司资金紧张，且其国内融资成本很高，希望 A 公司给予远期付款便利，期限 1 年。A 公司正处于业务快速发展期，对资金需求较大，在各银行的授信额度已基本用满。（2）B 公司规模不大，信用状况一般。虽然 B 公司同意采用信用证方式结算，但开证银行 C 银行规模较小，A 公司对该银行了解甚少。（3）A 公司预计人民币在一年内升值，如等一年后再收回货款，有可能面临较大的汇率风险。最终 A 公司采用福费廷融资方案，并在商业谈判中成功将融资成本计入商品价格，做成了此项出口业务。

　　相关知识：福费廷是指银行无追索权地买入因商品、服务或资产交易而产生的未到期债权。银行福费廷业务可接受的债权形式包括：信用证、汇票、本票、有付款保函/备用信用证担保的债权、投保出口信用险的债权、IFC（国际金融公司）等国际组织担保的债权及其他可接受的债权工具。

13. 利用保理融资

　　A公司是生产厨具产品的中小生产型出口企业，货款结算方式为后"TT"，一般在货物出运后1个多月才能收到货款。受流动资金限制，公司没法承接账期较长的业务，从而限制了发展步伐。经接洽，A公司通过商业保理商C公司实现了供应链信用融资。由C公司为其筛选出优质客户，A公司"借"这些优质客户的信用，出货后立即获得C公司的融资服务，并拿到货款。随后C公司对A公司进行了信用评级，为其提供原材料成本融资和物流成本融资，使A公司凭借交易订单获得供应链上相关环节的融资服务。C公司向A公司提供融资服务后，A公司的资金周转率由原来的一年3.8次提高到了6次，资金使用效率得到明显提高，资金紧张状况得到根本缓解，出口接单能力和盈利水平也大大提高，公司的客户由以前的20多个增加到了40多个，利润成倍增长。

14. 出口退税账户托管贷款

  A 企业为贸易型出口企业，主要出口退税率为 17% 的太阳能产品，较高的出口退税率加之出口后企业收单速度、退税申报速度较慢，致使企业的应收出口退税余额逐月增多，形成了较大的资金占用压力。同时，企业又苦于可抵押品较少，难以在银行获得其他融资。经指点，A 企业向 B 银行提出开展出口退税账户托管贷款，由 B 银行按出口退税专用账户余额的 90% 的比例给予企业融资，有效解决了企业的资金难题。

  相关知识：出口退税账户托管贷款是指借款人将出口退税专用账户托管给银行，并承诺以该账户中的退税款作为还款保证，以取得短期资金融通或叙做授信开立信用证等贸易融资业务。适用于有应收出口退税余额的企业。

15. 出口信用保险保单融资
（简称"保单融资"）

　　A公司向非洲某发展中国家出口机械设备，结算方式为5年期的延期付款信用证，同时向中国出口信用保险公司投保了出口信用险。虽然已获得开证行承兑（每半年付一次款），可是考虑到开证行及其所在国家风险较大及人民币的升值压力，A公司迫切希望将该信用证下的出口应收款项转让给银行以锁定成本，但又面临两个难题：（1）开证行资信不佳，无银行愿意买入其承付的票据；（2）A公司授信额度不足，无法办理贴现。经推荐，A公司向银行申请办理无追索权的中长期保单融资业务，实现了及时收款。

　　相关知识：保单融资是指银行对已向中国出口信用保险公司或经银行认可的其他信用保险机构投保信用保险的卖方凭相关单据、投保信用保险的有关凭证、赔款转让协议等为其提供的资金融通业务。

16. 物流全程质押融资

　　A集团公司为一家专业煤炭贸易公司，其与下属四个公司构成了A集团公司的购销系统：广州公司在接到客户订单后，依托其余三个关联公司的力量，完成从煤炭集运站发货到秦皇岛港，再通过船运到电厂码头或广州新沙港/洪圣沙港的运输过程。随着近年来煤炭价格不断走高，A集团公司加大规模增加库存，以达到控制成本、增强盈利能力的目的，但是却大量占用了企业的流动资金。经申请，C银行以负责销售的广州公司为借款主体，由借款人和第三方共同以煤炭抵押，在指定物流有限公司对整个运输过程的抵押物进行24小时监管并出具仓单、质物清单的前提下，成功解决了A集团的融资问题。

17. 投标保函

A公司为一大型建筑施工企业，拟参与泰国某工程项目投标。按照招标方的要求，所有投标人必须具有投标保函才能参与投标。A公司找到C银行，由C银行为其向招标方出具了投标保函，最终成功参与投标。

相关知识：投标保函是在以招标方式成交的工程建造和物资采购等项目中，银行应招标方的要求出具的、保证投标人在招标有效期内不撤标、不改标、中标后在规定时间内签订合同或提交履约保函的书面文件。

18. 利用买方授信额度
为卖方提供融资

　　A 公司为上市公司，是世界著名的液晶显示器生产企业，年营业额达到几十亿美元。A 公司拥有大量的国内配套供应商，其与供应商的主要结算方式是电汇或承兑汇票，结算周期一般为货到后两个月付款。银行为 A 公司核定有较大的授信额度，并有一定的空闲额度，而 A 公司的部分供应商在银行没有授信额度或额度不足。A 公司为了给其供应商提供支持，也为了维持其远期付款的结算方式，决定在银行办理买方授信卖方融资业务，银行与 A 公司的供应商签署了买方授信卖方融资业务协议之后，在全额占用 A 公司授信额度而不占用供应商授信额度的情况下，为 A 公司的供应商提供了融资。

　　相关知识：利用买方授信额度为卖方提供融资是指在以赊销为付款方式的交易中，在买方签署书面文件确认基础交易及应付账款无争议、保证到期履行付款义务的情况下，银行在全额占用买方授信额度的前提下，不占用卖方授信额度为卖方提供融资。

19. 利用全球统一授信

　　某大型港口企业集团 A 在国内享有很高的知名度，近年来企业制定了海外发展的战略，但在海外设立子公司的过程中遇到了在当地融资困难等问题。鉴于 A 企业在经营领域内具有较高知名度及较强的经营能力、资金实力及技术实力，境内 C 银行作为牵头行与企业集团总部签署全球统一授信服务协议。在全球统一授信服务框架下，企业总部得到牵头银行授信支持，国内成员企业得到当地分行授信支持，海外成员企业得到分布在全球各地的海外分行的授信支持。

　　相关知识：全球统一授信是根据企业跨境发展的需求，凭借境内银行的海外机构网络，为企业境内外分支机构提供整体性融资方案。适用于国际化发展的大型企业集团。

20. 利用对外承包工程风险资金保函

对外承包工程保函风险专项资金

　　境内某承包工程企业 A 在境外中标一大型房地产项目，合同总金额数亿美元，根据合同规定需要出具履约保函 5000 多万美元，但公司在银行的授信额度仅存 2000 万美元，还有 3000 万美元的保函无法落实授信。经过银行评估，认为 A 企业信誉和经营状况良好，项目具备可行性，且符合使用风险专项资金的各项条件，于是采用 2000 万美元授信额度加 3000 多万美元风险专项资金搭配的方式，有效解决了企业授信额度不足的问题，及时为企业出具了履约保函，使企业与项目业主顺利签约。

　　相关知识：对外承包工程风险资金保函是在由国家财政出资设立"对外承包工程保函风险专项资金"项下的专项资金项下的保函业务。适用于在境外承包工程项目的企业。

六 破用工难

主编手记

曹操在中国跑龙套

电视节目《曹操来了》中的曹操走上北京街头，让人们随他起舞，边喊边跳。这完全颠覆了国人的行为方式，但颇得京城大爷、大妈欢迎。见此，你也许会"丈二和尚摸不着头脑"。因为，三国时期一代枭雄曹操不可能现身北京街头，除非地球倒转、神仙下凡。其实，此曹操确是真名曹操但非彼曹操也。这位名叫曹操的美国先生已在中国影视界闯荡多年，常在功夫片中跑龙套。大家知道，像曹操这般会说华文的洋人在中国并不鲜见，熟面孔有加拿大人大山先生，还有许多活跃在艺苑、体坛、校园、商界的专业人才。另外，近来不少外籍劳工也希望来华就业，据说广州一带已有菲佣打工，奉化某服装企业也打算引进百名洋工从业。预计，若政策许可，更多的"曹操"将出现在宁波街头，但不会跑龙套。

我说这些事不是为了传播马路新闻，只是想传递一个信息，在甬企招工不易的情况下，境外劳务如能引进，实为解难新招，但现行政策可能不允。对此，我们应及时研究办法，争取支持，提供服务，以便有关甬企能如愿以偿。

1. 来回车票全报销

　　鄞州某外贸服装企业为减轻返家过年员工的经济压力，推出员工往返车旅费全报销的举措，深受员工欢迎。没等春节放假期满，不少员工便提前返甬复工了。

2. 包下专列接员工

　　鄞州某外贸生产企业在市总工会和安徽阜阳市总工会的协助下，春节后包下五个火车车厢，将在阜阳过年的本企业员工专门接回宁波上班。此举既给员工带来了便利，又保证了企业按时复工。

3. 车站举牌招工忙

在宁波火车站和汽车站，经常能看到一些外贸企业人员举着招工牌，欢迎新员工加盟，此举屡有收获。

4. 既加工资又增智

　　北仑某外贸生产企业节后既给员工增加了工资，又及时安排了全年员工培训计划。此举意在调动员工积极性，又促使工效提高，可为一举两得。

5. 员工老家去拜年

　　余姚某外贸企业老总过年放弃休息娱乐，带上鳗鲞、虾干等宁波土特产，专程驾车赴安徽、江西等地员工老家拜年，联络感情，使当地员工深为感动。节后，该企业员工复工率很高。

6. 出境旅游奖先进

　　鄞州某机电外贸生产企业为稳定员工队伍，推出了一系列关爱员工的举措。近期，该企业决定让年度先进工作者在生产和旅游淡季参加港澳游活动。

7. 帮助安家留人才

　　为了解决大龄外地员工找对象难的问题，宁波一些外贸服装企业在招收员工中注意合理安排男女用工比例，有的企业老总甚至甘当"红娘"和"月老"，帮助外地大龄员工找到了如意对象，留在宁波安家落户。

8. 有奖招工效果好

　　鄞州某外贸生产企业鼓励外地老职工招收新职工，并对有功者实施物质奖励。此举既使企业及时解决了缺员问题，又为老职工提供了新的生财之道。

9. 在厂能吃家乡菜

　　宁波某外贸生产企业招收的四川、江西员工吃不惯宁波菜。为此，企业特聘能做辣味菜的厨师，为外地员工开设小灶，有效解决了外地员工饮食"怕不辣"、"辣不怕"、"不怕辣"的问题。

10. 行政人员下车间

　　鄞州某文具生产企业春节前出口订单较多，为及时赶工，该企业动员行政人员下车间作业，并提高全厂人员工资待遇，保证了产品及时外销。

11. 上班就能拿红包

　　鄞州某外贸企业春节后及时向员工发放开工红包，有的职工已连续五年受惠。据了解，该企业绝大多数员工现已按时返回企业复工。

12. 异地举办培训班

　　宁波某外贸服装生产企业在外地免费举办就业短训班，招收有意来甬打工者学习。随后，该企业对学习人员进行考核选拔，待企业新招人员上岗后即能适应工作。

13. 加工基地移海外

企业总部

海外加工基地

　　北仑某服装外贸服装生产企业面对招工难等问题，在柬埔寨首都金边附近开办了大型服装生产企业，招收当地 5000 多人就业，大大节省了生产和经营成本，企业销售和赢利水平不断提高。

14. 借助媒体招工多

　　宁波某报联合全国多家媒体开辟招工服务平台，吸引了四川、安徽、湖南等省上千名缝纫工登记，一些宁波服装企业通过平台及时与应聘者联系对接，很快招到了上千名外地缝纫工。

15. 服务外包到高校

　　宁波某动漫制作企业拟联系市内外有关高校，聘请动漫制作、计算机等专业的学生参与动漫制作业务。此举既能解决企业用工不足问题，也能促使在校学生从事社会实践，获得应有报酬。

16. 建立创业根据地

　　宁波某化工外贸生产企业在员工老家集中、生产资源丰富的江西某地举办生产加工基地，并让在本企业工作的部分当地籍骨干和工人在该基地参与管理和生产，可为一举多得。

17. 解决住宿稳队伍

　　宁波市区某外贸生产企业盖起了员工宿舍，让员工免费入住，消除了不少员工租房开支大的后顾之忧，间接增加了员工收入。

18. 异国招聘洋人才

　　鄞州某外贸厨具生产企业为提高产品质量，在德国聘用了一批高级工程师。洋人才们在家从事研发设计业务，无需来宁波上班，只需及时借助网络传输研发设计成果就可完成工作。此举节省了外籍技术人员交通、住宿等大量开支。

19. 助学建立人才库

　　宁波某外贸生产企业资助相关职业技术学校的学生就学，并提前与之签订招工合同，为企业储备了一批适用后备人才资源。

20. 乡下上班城里住

　　鄞州某家电生产企业地处偏僻，招工困难。为此，企业购置数辆大巴，定时往返市区和企业，让员工既能过城里舒适生活，又能安心在本企业务工。

七出口信保

主编手记

管中窥豹

　　管中窥豹意指从竹管里看豹，有时能看见豹身上的一块斑纹，可比喻从观察到一部分推测全部如何。欧债危机对欧洲的影响如何？我们也可管中窥豹，从宁波部分出口产品对欧出口情况中推断。1至9月，宁波对欧盟出口负增长和低增长的有船舶、电子、电器、家具、玩具、体育用品等，出口增长较快的有服装、汽车零件等。这不难看出，欧洲船舶进口锐减，与资金紧张、生产下滑有关；电子、电器、家具需求减少，与众多欧洲人不愿更新耐用品有关；玩具、体育用品销量不大，与不少欧洲人心情欠佳和健身、娱乐减少有关；中国服装销售增加，与大批欧洲人削减高档品牌服装开支有关；汽车零件进口激增，与许多欧洲人不愿淘汰旧车有关。

1. 信保帮助抢订单

　　鄞州某服装出口企业参加广交会时，遇到美国某买家。该买家自称在中国市场的年采购量超过 1000 万美元，对企业新开发的产品很感兴趣，但要求按照统一的结算方式赊销 60 天开展贸易。企业一方面希望接下此单，另一方面又担心赊账风险。关键时刻，企业找到中国信保，在信用保险的支持下拿下了订单，贸易量也逐步扩大到目前的近 300 万美元。

2. 货款拖欠不用愁

　　大榭某出口企业与美国一家老客户已经交易多年，互相非常信任，合作非常愉快。然而进入 2010 年以后，该客户经常拖欠货款，到最后基本就停止了货款支付。经中国信保调查发现，天有不测风云，由于市场行情的变化，加上该美国客户投资出现失误，已经陷入困境，偿付能力出现严重问题。明确案情后，中国信保马上进行了赔付，金额约 40 万美元，有效补偿了出口企业的损失。

3. 政治风险须防范

　　近期，中东、北非部分地区接连发生政治动荡，社会形势混乱。受此影响，这些地区部分企业停业，上下游渠道中断，现金流紧张。北仑某出口企业与埃及某客户约 14 万美元的货款，由于无法联系到买方，货款没有着落。中国信保接到报案后立即介入，通过海外渠道积极与埃及买方联系。目前该案件已进入赔付程序。

4. 观念转变促发展

　　保税区某杂货贸易公司，一直坚持以预付款、信用证等相对安全的结算方式开展业务。但由于付款方式的限制，近年来该企业错失了大量商业机会，同时其过度依赖中间商的业务模式也在发展中遇到瓶颈。在同行朋友的推荐下，该企业开始在信用保险的保障下逐步放宽结算条件，并开始接触和拓展一些大型超市和品牌进口商客户。近年来，该企业出口额显著增加，利润率稳步提升。

5. 保单融资伴成长

    江东某化工出口企业,2003 年成立时出口额不到 50 万美金。该企业以南美市场为主,按照行业惯例,出口账期一般在 90 ~ 180 天。由于企业自身资金实力有限,又担心赊销风险,眼睁睁看着一些利润丰厚的订单流失。2003 年年底,该企业开始参保信用保险,解决了收汇风险的后顾之忧后,开始大胆接单。同时,他们借助保单融资业务盘活资金,实现了货物一出口便可向银行实现放账业务的押汇,大大缓解了资金压力,也有效规避了汇率风险。该企业自参保以来,业务连年翻番,目前年出口额已近两千万美金。

6. 出口同盟共对外

　　慈溪某家电生产商被某国外大型进口商拖欠近百万美元，买家以各种理由推脱付款责任，并对出口企业的付款要求反应冷淡。中国信保接到企业报案后发现，国内共有多达7家工厂同时在给该买家放账，并且都参保信用保险。在中国信保的协调下，7家工厂结成"供应商同盟"，联合向买方施压。买家迫于压力，不得不放低姿态坐到谈判桌前，并最终达成了可执行的还款协议。此后，慈溪出口商在双方贸易中的地位大大提升，合作更加顺畅。

7. 商账追收显神通

  象山某出口企业遭遇波兰客商恶意拖欠 37 万美元。由于对当地法律环境不熟悉，且海外诉讼成本过高等原因，企业一直没有很好的办法来进行有效追讨。该企业正在束手无策时，得知中国信保有海外追偿服务，抱着"死马当活马医"的心态进行尝试。中国信保依托政策性机构的优势，通过多种方式向买家追讨，并最终成功收回大部分款项，帮助该企业挽回了损失，有效维护了企业的海外权益。

8. 海外工程防风险

北非某国家基础设施薄弱，房屋建设等工程承包项目市场巨大，我国众多国有、民营企业纷纷进入该市场承接工程，开展海外工程承包业务。近来，该区域接连发生大规模骚乱等政治风险，导致项目无法履行，原已完工的部分应收工程款项，也无法顺利收汇。其中，部分已经参保的项目企业，中国信保已经开始介入项目理赔和工程款催讨程序，项目企业的损失将得到充分保障。

9. 汇率避险巧安排

　　镇海某生产企业年出口近亿美元，绝大部分业务为 90 天以上的账期。在当前人民币进入升值通道的情况下，企业规避汇率风险的压力巨大。该企业通过信保融资，将出口应收账款在银行叙做信保融资，90 天以后才能收到的美元货款，现在一般一周以内就可从银行得到融资，并提前结汇，有效规避汇率风险。而且，与其他汇率避险方式相比，信保融资可以根据企业需要在任意时点操作，具有操作灵活、选择自由的特点。

10. 出口内贸两手抓

　　慈溪某材料生产企业，2004 年便将所有出口业务全部参保信用保险，实现了业务稳步发展。近年来，企业开始着手开拓国内市场，实施内外并重的战略转型。为有效防范国内应收款风险，企业同样向中国信保参保了国内贸易信用保险，确保国际、国内两个市场健康、协调发展。

11. 客户拒收巧应对

　　近年来由于国际大宗商品价格波动较大，因产品价格下跌导致的买方拒收案件时有发生。某英国买家向镇海某五金制品企业采购一批价值30万美元的货物，双方约定付款买单。出口企业按约交货后，产品价格突然下跌，买家拒付货款。中国信保介入后告知买方如无故违约，将影响其在中国信保的资信评级，进而影响其在中国其他供应商处的采购；此外，中国信保还准备将其违约案例在国际信用保险机构间通报。迫于压力，买方最终全额付款提货。

12. 联合投保优惠多

　　为方便宁波广大中小企业参保，中国信保与江东、江北、奉化、保税区、高新区等地的外经贸部门，以及美联服务平台、宁波汽车城等企业和相关协会签订了联合投保协议，对联合投保的中小企业，在保费、信保融资等方面，给予优惠，有效降低了企业成本，增强了开拓市场能力。

13. 全球保单广覆盖

　　近年来，越来越多有实力的宁波出口企业审时度势，通过兼并、收购、境外投资等多种方式，将部分加工制造和营销网络向国外转移。他们充分利用国外"当地化"销售渠道和更加有竞争力的生产加工因素，扩大出口，提高效益。慈溪某知名生产企业收购欧洲某营销机构就是典型案例。中国信保及时跟进，研究开发的"出口信用保险全球保单"，从原来的"中国（宁波）生产"、"中国（宁波）出口"，进一步扩展到"中国（宁波）利益"，全面保障宁波企业境外业务的安全，真正实现"无忧行天下"。

14. 船东弃船风险大

象山某造船企业承接了东南亚某船东的造船订单，为防止船东单方面取消合同或拒绝支付造船进度款，该造船企业参保了信用保险。果不其然，受航运市场影响，此船舶还在建造期间，船东就宣布弃船，并拒绝支付剩余的进度款。中国信保介入后，该造船企业与国外船东进行了有效沟通，造船合同最终得以继续履行。

15. 风险预警防未然

　　2010 年 2 月份，中国信保向相关出口企业发布了意大利某大型采购商出现经营严重恶化、资不抵债的风险预警信息，部分供应商获悉后暂停了对该买家的出货。果不其然，两个月后，该意大利采购商申请了破产。中国信保的预警信息及时帮助相关企业避免了可能的损失。

16. 关联共保避风险

　　慈溪某园林设备出口企业管理非常规范，出口业务一直全面参保。随后，出于业务发展需要，该企业组建了集团公司，下设 3 家子公司，并在香港成立了境外子公司。中国信保及时为企业办理了"境内关联企业共保"和"境外关联企业共保"，将所有关联企业的业务统一纳入信保保障，免除了企业的后顾之忧。目前，该企业还将其兄弟的企业，也一并纳入共保，享受优惠政策。

17. 海外存仓促直销

海外存仓销售

　　鄞州某汽配生产企业为配合美国客户的需要，在美国本土设立了供货仓库。该企业先将货物出口美国，存放在自己的仓库。买方根据需要随时从仓库提货，可在仓库提货后60天付款。为保障收款安全，中国信保通过"海外存仓销售"特殊承保模式，解决了企业海外存仓销售的后顾之忧。

18. 信用证下保买方

　　余姚某小家电企业的大量业务采取信用证结算，但其中很多订单由于产品确认、生产、订舱等环节的影响，时常出现出运时间晚于信用证要求的情况。但买方又确认要求继续出运并承诺付款。在这种情形下，出口企业能否收汇更多决定于买方的信用，该家电企业将这类信用证业务投保了买方信用风险。不久，某德国买方违背其确认推迟出运并答应付款的承诺，以各种理由拒付货款，中国信保对本案项下因买方信用问题造成的损失进行了赔付。

八壁垒破解

主编手记

玻璃门和弹簧门

　　玻璃门和弹簧门多用在商场、饭店。业主设置玻璃门，既想吸引路人速见室内商品、功能、陈设、装潢等，以促招商揽客；又可防盗、避尘、驱寒、阻热等，以起隔离作用。业主设置弹簧门，既为来客留有通道，又能快速紧闭大门。我想，无论是设置玻璃门还是弹簧门，皆折射出业主的矛盾心理，均易使来客误判上当。其实，这类现象也见国际投资合作领域。眼下，国际经济形势十分低迷，欧美多国为摆脱经济困局，既想招引中国企业投资、并购，又恐因此有损自身利益，于是纷纷设置"玻璃门"和"弹簧门"，对中国企业投资、并购设限甚多。所以，我企业欲进入欧美投资、并购之门，确需小心翼翼，切勿鲁莽躁进，以免吃"玻璃门"和"弹簧门"的亏。

1. 寻因溯果拒骚扰

2002 年 4 月，4 家美国轴承公司以被倾销损害为由，申请对中国的球轴承实施反倾销。美国商务部立案调查，仅宁波一地涉案金额就有 3500 多万美元。

行业龙头宁波慈兴集团书面抗辩，但初裁后调查继续。当年底，慈兴集团抓住美方官员来甬实地核查机会，再次用翔实材料证明中国出口轴承与涉案产品不同。次年 2 月终裁：慈兴集团单独税率降为 0.59%。

2003 年年初，慈兴集团调查发现 4 家美国的起诉企业年报中，其销售、利润与资金状况良好，无产业受损迹象。于是就此抗辩：中美市场双向开放，美中轴承市场定位不同，不敌中国产品的不是美国本土制造的轴承，而是美方在东南亚国家设厂生产的低档产品。

2003 年 4 月，ITC 终裁中国出口球轴承倾销案不成立，相应的反倾销税率取消。慈兴集团抓住对方申请调查理由不放，追问其正当性，并用证据步步瓦解，力拒竞争对手骚扰，最终获得全胜。

2. 外争平等消歧视

2002 年 6 月，欧盟对中国等地的打火机开展反倾销调查，并提出 150% 反倾销税率。宁波打火机一半外销，欧盟正是最主要的出口市场，如被认定倾销，宁波企业将损失打火机国际市场半壁江山。

宁波新海电气等 4 家行业龙头企业立即聘请律师积极应诉，并提出大量有力证据。但我方证据并不被认可，欧盟的理由是：中国市场经济地位还未获其认可，企业财务信息等证据无效力，要以替代国的成本来进行对比，而替代国将由起诉方指定，这对中国企业明显不公平。而单个的中国企业可以申请市场经济地位待遇，但标准细致苛刻，特别是成本核查，需要规范管理和严谨财务制度来支撑。新海电气等 4 家企业在律师指导下多次核查演练，最终全部获得市场经济地位待遇。有了市场经济地位待遇，中方企业数据被认同，大量证据显示中方并未倾销。2003 年 7 月，对方主动撤回了起诉。

3. 行业抱团聚能量

　　2003 年 4 月，美国劲量控股集团以宁波中银等中国电池企业侵犯其专利为由，要求 ITC 禁止上述企业的产品进入美国。经宁波中银提议，中国电池工业协会、中国机电进出口商会联合牵头其他 6 家国内电池企业，在宁波设立"大本营"，决定由中国电池工业协会负责协调，统一聘请律师，按出口比例承担律师费用。2004 年 6 月，初裁实施普遍排除令，但在我方努力下，下游产品首先得以排除。

　　抱团作战中，宁波中银主动承担了最多的律师费用，提供了最全面的文件、数据、专利分析和实验结果等等，带动行业团结一致，继续有理抗争。2004 年 10 月终裁：劲量专利不具备确定性，调查终止并撤销初裁。中国企业获得全胜。

　　行业企业联合起来，抱团参与涉外法律诉讼，这是中国企业在国际知识产权贸易纠纷领域第一次全胜，也是国内企业第一次取得 337 调查案的胜诉。

4. 据理力争终得胜

取证资料

2002 年 10 月，印度轴承制造商协会对原产于中国等地的轴承提起反倾销诉讼。印度初裁：对宁波环驰集团出口轴承征收 90%～300% 倾销税，没应诉的中国企业税率超过 400%。宁波环驰是全国唯一应诉企业。为争得反倾销调查案胜利，他们从财务部、贸易部、采购营销部、生产管理、车间统计等抽调 40 多名人员，对公司三个年度的各类取证资料进行分类、汇编和整理。耗资 600 多万元，历时一年多，将不存在倾销的完整证据呈送到印度商务部。

印度商务部不得不派员实地核查，2004 年 9 月，印度商务部裁定宁波环驰承担 3.13% 倾销税率，而未应诉企业倾销税率为 280.01%。

宁波环驰有理有据，继续力争。半年后，印度商务部正式通知宁波环驰，认定其不构成倾销行为，享受零税率待遇。由于印度海关进口轴承关税是以宁波环驰轴承价格为标准依据，所以对方不得不撤销了针对中国轴承企业的反倾销起诉。

5. 顾全大局看长远

　　2004年5月,南非对我汽车轮毂提起反倾销调查,涉及宁波4家企业。其中,宁波英达皇机械制造有限公司涉案金额27万美金。

　　由于南部非洲建立关税同盟,此次调查范围除了南非市场,还包括其他四个非洲国家市场。若任由对方反倾销,可能扩大至其他行业,从而影响整个中非经贸大局。我国政府在交涉斡旋,必须要有企业应诉。

　　英达皇公司站了出来,组织财务部和外贸部加班加点,精心准备诉讼。当年9月,他们即争得南非官员实地核查,验明我方证据。商务部同期积极开展外交斡旋并大获成功。2005年8月,南非正式结束对中国汽车轮毂反倾销案的调查。

　　英达皇公司不怕烦、不怕苦、不怕花"冤枉钱",积极配合政府,在维护自身利益的同时,也在行业和政府层面树立起负责任的企业形象。他们赢的不只是当时每年30万美元出口,也为自己和整个行业赢得了海外市场的未来。

6. 以攻对攻赢主动

美国市场

    2004 年 8 月，"派克"品牌拥有者 Sanford，LP 公司向 12 家外国和美国公司挥起"337"大棒，其中包括宁波贝发等 4 家中国企业。

    宁波贝发年出口达 1 亿多美元，是此次唯一的应诉企业。美方攻势汹汹，一下子提出数百个质询问题，并规定苛刻的答复时间，意欲闪电击倒。宁波贝发应急作战，在规定时间内不仅提出了充足证据材料自证清白，同时用"337 条款"程序中赋予被诉公司的权利，也向对方一次提出数百个质询。Sanford 回复，称宁波贝发只有 4 个具体型号的产品涉案需要调查，而不是之前的数百个型号。

    眼见攻击无果，美方主动要求和解谈判。当年 11 月，双方达成和解协议：美方撤回对宁波贝发的诉讼，宁波贝发则主动提出改变部分型号的颜色，使之与对方产品区分更明显。但对其他涉案企业，美方仍然适用普遍排除令。2005 年 1 月，除宁波贝发外的企业败诉，被排出美国市场。

    抓住对手漏洞，以攻对攻，而不只是被动应诉，使宁波贝发最终与对方达成和解，依然牢牢掌握美国市场，并创造出中国企业应对 337 调查时间最短、代价最小、结果最好的经典案例。

7. 遇挫坚韧得转机

2006 年 7 月，美国商务部对中国聚酯短纤反倾销立案调查。宁波再次成为风暴集中地：调查期内对美出口占全国的 50%，涉案企业众多。

宁波各企业积极备战，但初裁出台后，即使是财务、生产等体系最为完善，准备最为充分的江南化纤也遭受沉重打击：反倾销税高达 15.3%。面对挫折，宁波企业并不灰心，扩大范围再次收集所有可能支持公司正确观点的材料和数据。

他们找到国际权威的化纤废料书籍和文章，聘请的美国专家拿出了证明材料，发现可按美国反倾销法中关于替代价值的规定抗辩。在美方官员实地核查时，江南化纤陈述的替代价值观点被接受。2007 年 4 月，终裁结果公布，江南化纤获得零税率认定，其他应诉企业也获得 4.86% ~ 4.44% 的较低税率，使起诉方想把中国产品排出美国市场的企图落空。

这次应诉历时近两年，其间虽经波折，但中国企业不懈抗争，创造了美国反倾销原审调查中首次零税率。这也成为中国纺织品行业应对美国反倾销调查中，以中方胜利告终的第一大案件。

8. 化敌为友清界限

　　2008年2月，欧盟对中国蜡烛反倾销立案调查，涉案总金额6000多万美元。此次调查涉及的蜡烛出口，一半以上在宁波。

　　宁波市外经贸局紧急召开应诉协调会，认为宁波出口蜡烛并非简单的照明用纯蜡烛制品，而是烛台、石蜡与其他材质组合的工艺产品，理应被排除在此次反倾销外。但反馈给对方的调查问卷却无法证明两者区别，而且这两种产品包括在同一个税则号中，更叫人说不清楚。

　　旷世智源、旷世家居因出口量靠前，成为欧盟实地核查对象。5月23日，实地核查的欧盟官员对其出口产品的精美工艺和独特创意赞美不绝，并接受了中方的观点。同时，市外经贸局上报商务部，要求将纯蜡烛制品税号与烛台、石蜡及其他材质组合的蜡烛工艺产品税号分开，以合理规避贸易壁垒。商务部采纳了建议。

　　2009 年 5 月，终裁宣布旷世居家、旷世智源等企业零税率。取得零税率完胜的宁波企业，靠的就是与国外竞争对手划清市场界限，取得了非同类产品的认定，终于与欧盟化敌为友。

9. 多方联合壮声势

　　2009年10月，美国对中国紧固件提起反倾销、反补贴双反调查，宁波紧固件占全国总量一半以上，出口美国市场总金额达1.6亿多美元。

　　宁波市外经贸局和宁波市紧固件行业协会组织21家宁波企业与各大律师事务所签订了代理协议意向，严阵以待。一方面，动员大企业联合进口商，对美国的调查机构施加压力，强调美国进口商、消费者的负担将被加重；另一方面发动媒体大力报道，表明行业强烈要求中国政府进行报复，促使美方收敛针对中国的贸易保护主义措施。同时我国商务部发出强烈抗议：反对美国滥用贸易救济措施。

　　2009年11月，美方宣布中国紧固件对美国产业不构成损害，终止调查。企业、行业协会、政府、媒体多方联合行动，一系列应对举措声势浩大，使对方清醒地认识到贸易保护主义的严重后果。这是宁波紧固件行业及其上下游大量就业岗位得以保全的关键。

10. 主动诉讼早维权

    2010年10月，一家宁波企业经过35天努力，主动诉讼，维护了知识产权，使欧洲某著名化妆品公司致信道歉并支付了专利使用费。

    这家企业是宁波正德泰和礼品工业有限公司，以生产化妆礼品为主，已拥有100多项外观及实用新型专利，并以每年30项至50项专利的速度递增。当年4月广交会期间，正德泰和被一家著名的欧洲化妆品公司看中，先后4次免费提供样品，并告知该产品已申请外观专利并获授权。但这家公司却将124万只该款产品订单偷偷给了东莞一家供应商，只给了正德泰和5000只产品的订单掩人耳目。8月18日，正德泰和发现对方侵害行为，立即向宁波市工商局报案。但对方却委托法国律师向正德泰和提出专利无效的辩解。正德泰和决定付诸法律行动，经宁波市律师协会知识产权委员会、宁波甬建律师事务所与法国律师交涉，法国律师同意欧洲公司侵权事实的认定，并建议该公司与中方协商解决。9月24日，双方达成和解协议。

九　商业秘密

主 编 手 记

从偷到怕偷到不怕偷

1998年华交会闭馆那天上午,展馆保卫部负责人打来电话,称宁波一参展人员偷了别家展位的一个排球,被保安人员逮个正着,为体现沪甬合作之谊,拟不移交公安部门处理,但需我亲自保人。作为时任华交会宁波团团长,我在上海同志面前羞愧难容,一再向对方赔不是。虽说当时甬企仿冒他人出口产品并不鲜见,但敢在大上海当梁上君子,那可是把事情闹大了。可想而知,那个行窃的年轻外销员免不了遭我怒斥,还当场写了保证书。后来,不少原来仿冒他人产品的宁波外贸企业,逐步开发了一批出口新品,但害怕被其他企业仿冒,便采取了不少防偷保密措施。2000年,我在广交会家电展厅发现,宁波某家电进出口公司在展位内设置密室,将最新开发的样品藏入室内,仅供境外老客户选购,可谓防偷一绝。如今,不少宁波外贸企业已告别从偷到怕偷的历史,渐入不怕偷之佳境。在去年消博会展馆,我见到多家甬企纷纷展出出口新品,参展人员还滔滔不绝地向客户详解产品设计、使用等妙处。我曾问一位相关企业负责人:"你是不是担心产品技术被偷?"那人自信地答:"我们开发新产品比小偷行窃速度还快。"话说回来,宁波外贸企业仿冒产品现象虽比过去大大减少,但并未绝迹。前不久,我从北京开会回来途中见到,一位讲宁波话的企业家捧着一个深圳产的塑制机器人,说是花了5000多元,下一步准备由其所在企业仿制后出口,为避侵权之嫌,打算让机器人眼睛能转动,再安装两根辫子。

1. 严把员工招聘关

正当一些外贸企业为保护商业秘密头疼时，奉化某工艺品公司却很轻松，他们的经验是严把重点岗位员工招聘关。该公司的招聘，需要过五关、斩六将，其招聘很有特点：一是要求应聘人员填写详细的社会关系和履历，以便公司核实；二是聘请专业调查机构了解其从原单位的离职原因、表现及个人爱好、奖惩记录、诉讼记录等背景资料，特别是其有无故意给原单位造成损失、有无商业秘密侵犯纠纷和严重违规违纪及债务纠纷等情况；三是公司负责人亲自主持招聘参与面试和笔试，并综合调查核实情况最后拍板决定。这一系列严格筛选，保证了重点岗位的员工基本素质，杜绝了新进人员发生商业秘密侵权事件。

2. 保密协议预先签

　　许多企业在招聘员工时，往往会采用劳动部门提供的劳动合同示范文本，而该文本却没有涉及对员工保密义务的规定。宁波江东一家外贸公司发现有员工侵犯企业客户信息，因此丢失了两个大客户，一怒之下起诉至法院。结果却被法院告知，由于没有签订保密协议，相关责任法律难以认定。汲取教训后，该公司特地聘请律师，针对企业内部实际情况，制定了保密协议，对侵犯商业秘密的行为，作出详细界定和制裁措施。保密协议签订后，公司还时不时给大家敲敲警钟，员工有了保守商业秘密的观念和行动，公司的烦心事少多了。

3. 违约条款加保障

　　郑经理是一家大型外贸公司的负责人，公司每年都会遇到好几起商业秘密侵权案件，甚为心烦。在律师的建议下，该公司改变了仅仅笼统规定侵权赔偿条款的做法，开始设置具体的违约金条款来约束商业秘密侵权行为。使用违约金条款的优点，在于比赔偿条款减少了证明责任，无须证明公司的具体损失，而只要证明被告存在商业秘密侵权行为，且法院基于双方合同约定，可以合理地确定违约赔偿金。取证的相对简单和裁判金额范围的锁定，使得条款的可操作性大大增加。公司进行调整后不久，即发生了一例侵害公司客户信息的案件，由于取证充分，且有明确的违约金约定，公司轻易获得胜诉，并通过法院强制执行获得赔偿，狠狠打击了个别员工侵害企业商业秘密的嚣张气焰。

4. 法律诉讼护权益

北仑一家大型贸易公司的某部门经理私下收取回扣,被发现后,公司领导为人宽厚,只是对他处以教育退款处理,继续留用。而该经理却以怨报德,短短一年内,将自己部门的2个大客户和5个小客户全部策反,成为了以其岳父名义注册的公司客户,并继续利用职务之便策反公司其他客户,使公司损失巨大,对公司经营造成严重影响。到了这个地步,该公司终于痛下决心,采取了一系列法律行动,请律师多途径取证,提起刑事控告和民事诉讼。最后,该公司不仅成功追究了该经理的刑事责任,而且获得了90万元的民事赔偿。通过法律途径获得救济是企业维护自身权益的最终手段,企业要善用司法途径实现对自身合法权益的保障。

5. 道德监督促诚信

　　侵犯商业秘密，很多情况下是当事人丧失廉耻感和道德感的缘故，也是环境氛围、监督机制和共享系统缺失诚信的结果。宁波江东一家电子元件厂，前不久加入了市工商联新推出的社会诚信体系，其中包含《企业员工离职评定信息共享系统》。企业根据单位劳动制度，对员工违纪违法而离职的几类情况作了规定，并进行相应的评定，制定完整的评定规则，然后通过签订协议和举行员工大会的方式予以告知：今后员工离职都要进行评定，并且评定信息将通过网络在企业之间流转。这意味着如果某员工有不良记录，今后其职业发展会受到影响，果然成效很明显。

6. 法制教育鸣警钟

　　业务员小张将公司业务往外转移，结果被公司抓住了，可小张还自以为有理地对老总咆哮："你当初不也是靠了老单位的商业秘密才自立门户吗？"公司老总说："当初我们是因为老公司倒闭了才自己创业的，而现在这种侵犯商业秘密的行为已经触犯了法律。"眼下，小张这类观念在公司员工中还很有市场。因此不少公司已加强对员工的法制教育，毕竟提高人的素质才是根本。鄞州某机械设备公司老总对此很有体会：以前公司小，也就忽视了法制教育，单位内部商业机密侵犯和盗窃频发，大部分是由于法制意识淡薄，员工不经意间犯下的。后来公司人事部门定期开展法制教育，通过各类讲座、案例对各类违法事件进行宣传，还邀请司法部门人员来上法制课，做到警钟长鸣。此后，除了个别恶意故意案件外，侵犯商业秘密的情况大为改观。

7. 自主品牌树堡垒

　　很多外贸公司都有这样体会，员工侵犯商业秘密，往往会做与本公司同一类产品，甚至到同一家工厂进货，联系同一个客户。如果最后不走法律途径，公司就只能和他们展开低价竞争，结果两败俱伤。海曙一家大型外贸公司，曾备受商业秘密侵犯的痛苦，趁前两年国际金融危机时低价收购了欧洲一家有100多年历史的知名电动工具品牌，国内生产，贴牌销售。即便业务员窃取公司客户机密而独立门户，也不能使用公司的品牌。能偷走商业机密，但偷不走公司的品牌，而很多客户是冲着公司的品牌来的。看来，建立自主品牌，是克制"商业秘密侵犯"的重要法宝之一。

8. 自主研发提门槛

　　童老总一直从事的是百货产品，产品档次低、利润薄、门槛低，公司如同黄埔军校，业务员来了一批又走了一批，有的时候到工厂进货，还会碰到以前出去的业务员，公司规模越来越小，利润越来越低。2008年开始，童老总经人介绍，与一家设计工作室合作，专门开发新产品，而且每次每类产品只出1万件。由于有了研发设计团队强有力支撑，每年专利申请就达到数百个，最快的一个月可以设计将近一百个新产品。由于更新快，别人仿冒难，业务员也很难偷盗技术等核心商业机密。由于彻底告别了以前的经营模式，现在做得很轻松，利润也更高。

9. 优质服务稳客户

　　宁海某汽车零部件厂的熊总一直为业务员及客户频繁流失而烦恼，经过苦思，他决定成立客户服务中心，加强每个环节的监督，及时反馈客户，并推出了多项服务承诺，如 7×24 服务，进度每天反馈，纠纷 24 小时答复等，并根据客户建议不断完善细节。此招一出，不仅老客户稳定了，新客户也慕名而来，员工离职要带走客户的难度也增加了。

10. 股权激励留人心

　　海曙一家大型外贸企业里，公司高管和业务骨干很少离职，把公司视作自己的事业，也极少有商业秘密侵犯事件发生，秘密就在于其实施了股权激励。目前，公司内部已经成功实现"第二次转制"。第一次是国有转制，将国有公司转制为经营层持股。第二次是股权稀释，给有一定工作期限，有一定工作成绩的员工一定比例的股份，大家都做股东，融入了大集体，共同分享经济利益，侵害公司利益，就会损害自身的利益，从此公司商业秘密侵权大大减少。

11. 合理分配少跳槽

　　鄞州区某服饰公司员工离职频繁，随着员工的流失，商业机密和客户也不断流失。经反思发现员工离职主要原因是新老员工分配大锅饭。后来，该公司采取了三条措施：对新招聘的员工，设定考核目标，严格按照考核数字决定去留；培养期员工，以提成为主要分配方式；成熟期员工，除业务提成外，逐步参与到公司的管理并获取股份。一位打算离职自己开公司的员工，算了一笔账，发现还是留在公司收益更好，风险更低。通过公司分配制度的调整，员工积极性更高了。

12. 申请专利保核心

　　商业秘密侵权事件在很多有一定规模的外贸企业都存在，已经成了外贸发展的毒瘤。但是对慈溪某金属制品厂的戴总来说，却是小菜一碟，轻松解决。戴总不仅自己采购产品，还自己改良和设计产品，并且对设计的产品都及时申请了专利。业务员跳槽或独立门户后，只能另外找产品，而不能满足公司原客户的要求。通过大量申请专利，将商业秘密转换为专利，将商业秘密的保护工作转化为专利保护工作，使得商业秘密侵犯事件对企业不再构成致命威胁。

13. 化整为零设岗位

　　很多企业都有体会，合理设置工作岗位，细化和监控业务流程是保护商业秘密的好办法。本市一家大型外贸公司，业务员众多，具有"流水线"流程设计的基础。企业聘请咨询机构，引入企业 ISO 管理体系，将对外销签约、商品采购、质量管理、单证、储运等各流程进行分工和细化，每个岗位负责其中一块。通过专业分工和流程管理不但提升了专业程度，提高了工作效率，而且也加大了商业秘密外泄的难度。

14. 精细管理堵漏洞

　　公司人员流动客观存在，出现问题也属正常，但企业管理一定要跟上。所谓铁打的营盘流水的兵，阵营牢固方是基础。鄞州区某针织公司的老张，花了 10 年时间把一家小外贸公司打造成上规模的外贸企业。在他的管理下，公司基本没有发生商业秘密被侵犯事情。他的做法是：合理设岗、精细管理，对客户信息、商业合同、价格资料、联系方式都实行精细化管理，就连电话、电脑、邮箱都有专门的管理规定。人可以流动，但相关资料和信息都必须在公司沉淀积累，基于精细管理，提升了商业秘密保护的门槛，使得公司的商业秘密不容易被他人窃取并利用。

15. 开放合作求共赢

　　业务员利用内部资源自立门户，对公司既是经济损失也是人才损失，而公司通过法律途径维护自身利益，对业务员也是多重损失，结局可能双输。镇海某五金制品厂，小王是工厂业务骨干，在公司培养下 28 岁就当了经理，他带领的部门创造的业务金额占公司的 20% 还多。有一天他提出辞职去开公司，并承诺不带人也不带客户走。金老总分析认为：小王单干很可能会带走公司客户，起诉其侵犯商业秘密结局将是两败俱伤，而且凭小王能力，即使没有带出去客户，很快就东山再起，或许会成为一个强有力的竞争对手。考虑再三，金老总单独请小王到咖啡馆坐了一下午，小王敞开心扉说出了原因：自己是一个不甘寂寞的人，要有所作为，所以打算单干。最后双方达成一致：共同出资组建一家公司，专门开发公司的新产品。两年后，小王成功了，金老总也赚钱了。

16. 规划发展共创业

　　很多老总抱怨员工胃口太大，这么高的薪金还留不住人。他们并不清楚，离职往往不一定是单纯薪金的问题，还有很多其他因素。慈溪某电器公司，员工的工资待遇与行业内同等级相比并不特别突出，可凝聚力很强，流动较小。孙老总在员工入职后亲自给他们上课，讲价值观、人生观和职业道德观，并且与员工一起，为每个岗位设计职业发展规划，让每个员工知道自己今后的发展道路。实际运营中结合员工表示与规划赏罚分明，让员工觉得公司是自己的舞台，觉得有奔头。当初要跳槽闹得最凶的，现在已成长为公司的总经理和技术部总监。不仅留住人才，而且让人才和企业共同发展，这是保护商业秘密的最好办法。

十

经贸法律

主 编 手 记

外商使出"杀手锏"

记得10多年前我曾协调过一起中外合资企业纠纷案。事涉中方告外方用旧设备以次充好,而外方都称中方违约拒付货款。在双方争执不下时,该外商把我叫到门外,然后从其票夹内抽出一张小纸条,说这是中方代表叫他购买一辆国外高级轿车的信,还威胁说中方不按时支付设备款,拟告中方代表有索贿行为。当时我曾想起中外当事人曾在饭桌以兄弟相称,还挽手喝交杯酒表示情意,谁知遇到企业纠纷时,外方都翻脸不认人,以此看来那位中方代表着实糊涂。事后想到,我们与客商打交道时应保持清醒头脑,站稳立场,坚持原则,守住底线。倘若那位有集体企业负责人身份的中方代表真有受贿一事,关键时岂不倒霉?

1. 外贸环节转付的法律风险

A 服装外贸公司实际与 B 服装加工厂发生 100 万元的货物往来，其中包含转付给 C 面料供应商 20 万元面料款。原本根据支付凭证，A 外贸公司实际已支付了人民币 60 万元货款（包含了 20 万元面料款），但是 A 外贸公司向 B 服装加工厂出具了一张书面付款指令，上写"兹委托 B 服装加工厂将面料款 20 万元付给 C 面料供应商"字样。B 服装加工厂提起诉讼，要求 A 外贸公司付余款 60 万元。法院判令，A 外贸公司应当支付 B 服装加工厂 100 万元 – （60 万元 – 20 万元） = 60 万元。原本 A 服装外贸公司 100 万元货款中包括面料款，但仅因为一份错误的付款指令，导致 A 外贸公司除了需要向 B 服装加工厂支付 100 万元货款外，还因一份约定不明的"转付"指令导致其额外多支付了一笔 20 万元的面料款。

【律师建议】

A 外贸公司应当妥善处理与主供应商、辅供应商之间的关系，在交易中明确约定与主供应商之间的权利义务，尽量在支付款项时不采用"转付"、"代付"的用语或对相关款项的用途明确约定。因此在电子邮件以及传真往来中，应当杜绝"转付"、"代付"等相关的付款指令表述，以免上述指令在纠纷发生时被法律关系发生时被推定为对 A 外贸公司不利的证据。

2. 外贸企业过账的法律风险

　　C 外商想通过 A 外贸公司代理与 B 工厂的往来，并与 A 外贸公司约定，将相应出口退税款通过其他方式支付给 C，而 C 则给予 A 一笔好处费。A 外贸公司总经理答应了 C 外商。于是，B 工厂出货并做好所有单据，A 外贸公司盖章后报关出口。B 工厂实际出货价值 400 万元，但所有单据（装箱单、报关单、商检单据、商业发票、外贸合同等）全部注明交易金额均为 600 万元，C 外商向 A 外贸公司汇入 400 万元货款，A 外贸公司将相应货款支付 B 工厂，同时 A 外贸公司按照与 C 外商的承诺，也将相应的退税款以其他形式支付 C 外商。结果，C 外商因另外一份合同的履行原因扣了 B 工厂的货款，于是 B 工厂以 600 万元已抵扣的增值税发票证作为证据，加上 A 外贸公司盖章确认的 600 万元货值的单据材料，向 A 外贸公司要求支付"未予支付余款 200 万元"。法院最后判令，A 外贸公司按照证据材料上反映的货款差额，向 B 工厂支付"余款人民币 200 万元"。

【律师建议】

外贸公司利用国家退税政策帮部分外商赚取我国出口退税，一方面严重违反我国税务法律规定，而利益却被外商非法攫取；另一方面，还让部分别有用心的加工企业以此为据提起对外贸公司不利的诉讼。

律师忠告如下：第一，不要试图尝试上述规避法律的事情，尤其是这种高法律风险的"过账"业务。第二，如果确实属于外贸代理，工厂、外贸公司、外商三方之间签署外贸代理出口合同的，需要工厂和外商承认外贸公司的外贸代理商地位。第三，部分外商企图通过这样的方式骗取我国的出口退税时，外贸企业应当对该类请求予以严辞拒绝。

3. 外贸财务开票主体的法律风险

　　A 外贸公司与 B 外贸公司为同一个股东持股的关联公司，法定代表人为同一人。C 工厂为供应商。A 接订单后向 C 下单并签订购销合同，但让 C 开票给 B，由 B 报关出口、结汇、退税等。期间，A 外贸公司共计和 C 工厂签订了 13 份合同，实际履行了 12 份合同，履行的货物总值总计人民币 850 万元。实际交货手续上，由 A 外贸公司工作人员签收送货单据。付款方面，B 外贸公司按照发票金额向 C 工厂支付货款 850 万元。双方的交易实际已经履行完毕，并已结算清楚。但是，C 与 A 因其他订单原因发生纠纷，双方交恶。C 于是拿着其与 A 签订的 12 份合同，以及由 A 签署的送货单据，直接向法院起诉要求支付货款 850 万元。

【律师建议】

　　对 A 外贸公司与 C 工厂而言，应当严格按照《增值税发票管理条例》的规定，按照购销合同产生的实际交付的货物数量、规格、品名和金额，以及实际的交易对象，开具或抵扣增值税发票。不管是为了某种规避国家税务、外汇、海关监管等非法目的，还是基于其他考虑，须知规避法律的同时，必将导致法律风险隐患。如果确实基于财务数据调剂方面的原因，也应由增值税主体各方（特别是工厂）就开票所对应的实际合同主体以及实际交易主体作出确认，避免某些加工企业企图利用对方经营管理漏洞恶意制造欺诈性诉讼以获取非法利益。

4. 客户拒提货物反遭质量索赔的法律风险

　　2008 年 B 外商向 A 外贸公司下单，订购休闲沙滩椅。但货值人民币 500 多万元的 20 多个货柜货物到达目的港之后，B 外商以其最终客户检测样品不合格为由，拒绝在目的港提货。因 A 外贸公司是 FOB 下的指定承运人，20 多个货柜已产生大量的滞箱费、港务管理费。B 外商因面临这笔巨额费用压力，在 2009 年 7 月份向 A 外贸公司提起诉讼，以中方提供的货物存在质量问题导致其支付大量的滞箱费等损失为由，要求赔偿 70 余万元欧元，合计人民币 700 余万元。

　　【律师建议】

　　外贸公司遇见外商质量索赔要求或诉讼时，应当注意如下事项：第一，首先核实确认自己没有自认证据，即自己承认质量问题的邮件或其他函件；同时严防对方录音取证或诱导证据。第二，在与境外客户沟通之时，凡是涉及质量问题的处理，一并加上前提条件，或者假设性语句，如"如果按照您的观点属实或成立的话，我们将如何处理……"、"如果真存在这样的问题的话，我们将采取……"等，这样既能有效协商问题又不会加剧冲突，还能防范对方套取自认证据。第三，关键还是要确定自己的产品没有质量问题，签订合同时需要明确质量检测标准。

5. 进口内销的贸易风险

    B 电厂签订煤炭订货合同，约定向 A 贸易公司购买某国煤炭 6 万吨，并约定了在指定港交付。贸易公司遂向 C 某国煤炭公司进口 6 万吨煤炭，并安排煤船运输至指定港。而办理卸货过程中，A 贸易公司根据合同中"办理卸货手续支付 70% 货款，在取得煤炭热量检验证书后 3 日内支付 30% 余款"的条款向 B 电厂要求，根据合同应当在"办理完卸货及通关手续后"予以支付。此时，A 贸易公司担心，如果办理完卸货手续，将全部煤炭卸货至堆场，如果对方违约不付款、不提货，会导致其彻底被动，既拿不到货款，又要承担滞港费和堆存费，同时货又不能回装转运，会给其资金周转带来困难。最后，A 贸易公司只能选择在卸货清关之后拿到货款。

【律师建议】

    该案虽未形成纠纷，但实际上这种压力和风险是完全可以避免的，主要是合同条款的拟定过于模糊以致交易被动。

据本案，70%款项的支付时间，按照常理应当是先支付，后卸货，这样才能掌握主动。因此，建议合同修改为"煤炭到港后，凭卖方通知 3 日内付款 70%，买方付款后安排卸货及通关手续……"。这样，煤炭货物已经到了指定港，对 B 电厂而言，供应商已经实际履行了大部分义务。建议合同拟定时，对于前期履行义务，后续履行义务的参照时间或条件标准一定要明确；从贸易公司角度，对方履行义务的时间或条件，尽量不要凭借第三方因素，以免造成不确定性，而要牢牢把握主动权。

6. 境外客户与货代
串通无单放货风险

　　A 工贸公司于 2007 年初与 B 某国客户签了份大单，采取 FOB 模式，但货代公司却在境内某地，并在 A 所在地设有办事处。A 按约在 2007 年 8 月交货出运，对方称因资金周转希望暂缓支付货款。A 拿到 C 签发的货代提单，认为货权在手也未催要货款。直至货物到港后 2 个多月也没有拿到货款。直到 2008 年 6 月左右，A 直接去香港找该公司，发现早已人去楼空。经查，B 某国客户与 C 实际控制人为同一人，恍然大悟，惊呼上当。最后，在律师的建议下，A 控告 B 及 C 的实际控制人实施合同诈骗。但因司法管辖等各种原因，至今尚未有结论。而 A 因遭此大劫，无力应付国内的资金压力和债务危机，宣告倒闭。

　　【律师建议】

　　（1）外贸企业应当把无单放货的风险防范意识提高到关

系外贸企业核心风险控制的高度。（2）对于货代应在交通部网站上核实其是否是有资质的无船承运人，至少有资质的无船承运人还有一定的保证金在交通部压着。（3）对于没有在交通部备案的货代，要婉拒客人要求，提出让其指派在中国有合法资质的无船承运人。（4）根据提单上的货柜号，及时跟进船公司的集装箱跟箱记录，一旦发现集装箱跟箱记录显示已经拆箱或在其他码头，就应当及时与货代及客户交涉，必要时及时咨询法律专业人士，及时采取法律手段维护合法权益，切不可一拖再拖超过1年诉讼时效。

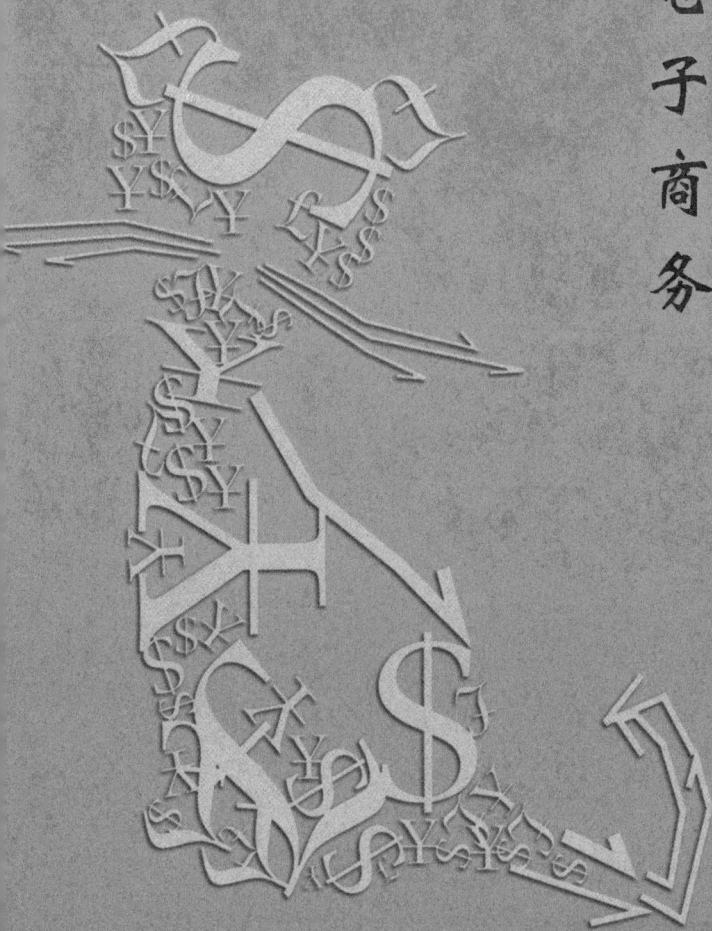

十一 电子商务

主 编 手 记

父子分家

在慈溪调研时,我曾走访宁波霍姆利德国际贸易有限公司,该公司董事长余雪辉虽年仅35岁,却已从业逾10载。1999年,小余大学毕业后下乡从父办厂,负责企业产品销售,但时过9年仍难有建树。经过深思熟虑,小余觉得如再步其父后尘走实业报国之路,恐难有大的发展,不如另辟蹊径走贸易兴邦之途,或许能开辟新的天地。于是,2008年下半年他带了几名助手离厂来到市区,成立了宁波霍姆利德国际贸易有限公司,立志将其打造成中国最大的家电贸易企业。通过联手企业、汇集产品、搭建平台、网络促销等措施,该公司已汇集产品12大类、5000多种,年贸易额可达8000多万美元,既为当地众多企业拓展了商路,也带动其父企业业绩不断扩大。可谓父子分"家",各管一方,比翼齐飞,合作共赢。

1. 选好域名抓眼球

　　一个好域名会大大增加企业在互联网上的知名度。企业应选择容易记忆和具有一定意义的域名。对广大外贸中小企业来说，选择一个带有企业主打产品的域名也是一个不错的主意。而不少企业更是利用不同的产品形成了一系列网站群，吸引了不同的客户群。

　　对中小企业来说，应同时拥有公司名称域名以及主打产品的域名。这些其实就是企业的品牌投资，跟产品推广投资，能够使企业的网络营销目标和非网络营销目标达成一致。

2. 企业邮箱塑形象

　　对于企业来说，Email 的方便、快捷已成为企业通讯和交流必不可少的工具，而外贸企业则是最早使用该软件的群体之一。宁波某个体外贸公司，成立之初，也就两人，他们花很少的钱做了一个企业的产品网站，并定义了后缀名：@公司域名 .com 作为其企业邮局，每天要向网上查索到的客户发送几十条、甚至上百条 E-MEIL。

　　在进行对外沟通时，企业邮箱可以塑造专业的公司形象，将企业形象宣传渗透到日常工作中，同时它也使得企业员工部分地脱离了对传统通讯手段的依赖，为企业客户提供更好的服务，目前该公司员工已超百人，年进出口额超亿元。

3. 网站价值在互动

　　网络无大小，成功网站并不一定是最漂亮的，但一定是价值最大化的网站。

　　慈溪某洁具公司将其网站作为对外宣传、服务和交流的载体。该公司网站在设计上精美与高效兼顾，在网站功能上充分体现互动性，便于网管和相关人员及时响应，并且特别注重网站的安全和稳定性。由于网站具有鲜明的行业特色，众多采购商纷纷"顺藤摸瓜"，希望与该公司结盟。

4. 沟通平台扫障碍

　　某纽扣制品有限公司，是一家集研发、生产、销售、服务为一体的大型服装配料企业。该公司平时选择视频会议系统进行各分公司及部门沟通，完全"傻瓜式"操作，适合所有人员使用，除会议管理员外，无需进行额外的使用培训。采用系统后，工作将不再受时间、地点的局限，可充分利用现有资源，避免重复投资，提高企业决策效率节省企业运营成本，获得较高性能价格比。

5. 办公系统提效率

　　宁波某进出口有限责任公司通过 e-office 办公自动化将该公司各部门、远程销售部和相关分厂组成了一个强有力的企业管理平台。

　　利用电子邮件、信息共享、信息交流、工作管理、工作流管理和企业数据集成，该公司实现了以企业级 OA 为平台将部门级应用软件财务、工业进销存、客户关系管理有效地集成。从而把原来传统的事后记录管理软件提升为事前审批与管理结合、无纸化办公的新型企业信息管理模式。此举极大地提高了企业各部门的工作效率、降低了库存积压、提高了资金周转率，为决策层及时提供了决策依据。

6. ISO 体系控质量

    某医疗器械进出口公司在 ISO 体系管理的帮助支持下，开发出适用于该公司的 ISO 文件管理系统，实现了所有 SOP 和表格的电子化管理。由此，企业 ISO 体系的管理流程、加强产品的开发周期和质量的持续改善；在为企业节约 1～2 个文控人员，节约所有审批、签核人员的时间，降低成本同时，ISO 文件、技术文件等集中管理、安全可靠，有效防止企业机密文件外泄；无纸化作业，既经济又环保，可节约纸张 95% 以上；文件的管理全部在网上实现，提高效率 70% 以上；同时，该系统还加快认证的速度，并保障认证体系运作顺畅；提高技术、工程图文档的安全管理。

7. ERP 管理优流程

　　ERP 是一个企业能够把可利用的资源全部整合起来,最大限度地降低人工成本并获取最大利润而制定相应的一种计划。

　　浙江远大进出口有限责任公司使用外贸 ERP 系统多年来,成效显著。遍布 ERP 软件各子系统的数据采集系统,为企业管理者提供了大量丰富的管理信息,建立起了有效的绩效监控系统,实现了企业绩效的动态监控,为企业信息化管理的进一步深入应用打下了坚实的硬件基础。公司的业务处理流程更趋合理化,企业竞争力大幅度提升,市场反应速度明显加快,客户满意度显著提高,企业经营风险也得到有效控制,信息化建设让公司实实在在尝到了现代科技的甜头。

8. CRM 工具拓市场

　　CRM（Customer Relationship Management）就是客户关系管理。CRM 是管理思想、管理工具、管理制度三者融合在一起的企业信息化产品。

　　某医疗器械有限公司是一家集医疗设备生产、销售、服务为一体的民营企业。公司"以客户为中心"，首期使用外贸 CRM 作为公司的销售管理系统。实施 CRM 系统以来，该公司销售人员的销售能力不断提高，产品的销售额不断增加。同时，有效增加了客户数量，提高了产品的市场占有率；此外，公司借此掌握了宝贵的客户资源，并通过有效控制避免了客户资源的非正常流失。

9. 推广优化关键词

　　网站在建设时如果不考虑推广或优化因素的话，注定了它将是一个失败的网站。借助网络宣传扩大市场影响力的将是企业网上营销的关键。

　　宁波某铆钉制造有限公司，在建立网站后，立马委托相关服务公司进行网站优化。根据其行业特点，业务触角所及范围及相关产品选择组合关键词作为优化的关键词。在很短的时间内，网站就被国内外各大搜索引擎：百度，Google，Yahoo，MSN，AOL，Netscape，Excite，Dmoz，Lycos，AltaVista 等收录。在接下来长达四个月的时间里，通过不断的优化使得网站排名有了大幅提升。网站优化成功后，便不需向搜索引擎额外支付一分钱的网站推广费用，同时又可以获得不菲的 IP 点击量，从而可以大大节约网站推广费用。

10. 竞价排名多关注

　　宁波某同步带公司是目前国内质量最优、规格品种最全、生产能力最强的传动产品专业生产企业之一。但随着国内市场的竞争愈演愈烈，眼见着一笔笔的生意被竞争对手抢走，却无能为力。几经讨论研究，该公司决定优化关键词，然后通过国内著名的竞价排名来获取更多的市场关注。很快，公司的咨询电话多了起来，加上本身品牌和产品质量的优势，迅速在竞争中扭转了被动的局面。

11. RSS 订阅选信息

　　RSS 营销主要是利用了资讯聚合的方式实现网络推广。网站通过 RSS 将其产品的最新信息及时的传达到更多订阅者的眼前，最终实现网络营销的目的。

　　某服装企业自从利用 RSS 订阅后，每日只需打开邮箱就可以洞悉最新最重要的外经贸资讯信息与行业咨询，如相关的财政补助，规划纲要，反倾销案件应诉实务免费培训等，对企业把握外经贸动态尤其本地切身讯息提供第一手条件，为企业的更好发展提供更多的信息资源。

12. 博客营销低成本

　　博客可以方便地增加企业网站的链接数量；可以实现更低的成本对读者行为进行研究；同时，博客营销也是成本最低的一种，是建立权威网站品牌效应的理想途径之一。

　　某农场酸奶公司总共设立了五个博客，每个博客各自锁定不同的市场区域。有的是针对农民及怀念传统牧场模式的人所设计，有的是针对育儿及健康生活主题所打造，因为健康的形象可以吸引忙碌的父母。

　　健康生活、环境与家庭价值是该农场锁定的几项主要特色。该公司即使面临急速成长依旧坚持引以为傲的特点。虽然是一家很小的公司，但通过博客还是对搜索引擎、公司形象、顾客关系、顾客对公司及产品的认知等产生很大的影响。

13. 电子邮件省费用

　　通过电子邮件，营销者可以立即与成千上万的潜在和现有顾客建立起联系，其成本要远远低于邮寄营销。

　　宁波某新能源技术有限公司，是一家提供最全面的硅料、单晶硅片、多晶硅片等成套检验设备及最优解决方案的公司。该公司制作了一系列的电子邮件专刊，每期专刊中重点介绍一种产品，并详细说明其工作原理及独特优势。根据细分客户群作专刊回馈邮件，向不同的细分客户介绍有针对性的，他们所关注和需要的产品信息和解决方案。通过系列专刊以及网站，公司积累并建立起了自己的客户列表，同时明确了每个细分客户群。通过分析梳理，公司了解了客户需求，并锁定了有效目标客户。

　　利用电子邮件营销，该公司节省了大笔线下宣传费用，同时维护了大批忠诚客户。

14. 顾问服务解难题

　　尽管很多企业跟风选择了网络贸易，但对众多成长中的中小企业来说，由于缺乏专门的电子商务操作人员，导致网络贸易中的一些实际应用无法实施，最终造成订单的流失。针对这一情况，顾问式的金茂通服务应运而生。通过准确把握国内外进出口贸易形势以及不断在服务过程中听取企业的反馈意见进行调整，金贸通将为各中小企业提供更全面更有效的服务，是目前最适合国内生产企业开拓国内外贸易市场的解决方案。

　　在金贸通的帮助下，宁波某焊接材料厂整个网络推广得到了全面的提升。该网站目前每日访问量超过原先的 10 倍，使用金贸通服务 15 天后，就接到 3 个询盘。不到一个月时间，就与泰国某客商意向签约 10 万美元的订单。该厂得到订单的同时，还提高了全球知名度。经过一年的服务，该厂已经能够充分的利用网上贸易的优势获得更高的竞争力。

15. 网络招商增长快

　　由于具有覆盖面广、成本低廉、时效性好、感官性强等优势，网络招商越来越为各级地方政府重视。2003 年，受"非典"影响，每年 6 月 8 日～12 日定期在宁波举办，已经办到第二届"中国国际日用消费品博览会"被迫推迟。为了尽量减少"非典"对宁波外经贸带来的负面影响，6 月 8 日，经过"消博会"组委会的精心策划和相关部门的共同努力，"中国国际日用消费品网上博览会"（www.cgfair.com）正式开幕，相关部门人员正式利用网络面向全球采购商进行了有针对性的招商，累计招商人数达到近 10 万名，并且以每年 20% 以上的速度逐年递增，成为所有"消博会"招商手段中"性价比"最高的手段。

16. 电子商务平台强

　　企业展台是企业在各电子商务平台网上的形象展示。利用多角度的展位呈现模式，强大的自助管理功能，为企业的推广提供了一个良好的第三方平台。不同的电子商务平台其侧重点不同，其优势也有所不同。

　　2002 年，余姚市某皮毛有限公司开始在某服务商处做平台推广。不久就有美国的一家网上商店对该公司展示的皮毛围巾产生了兴趣并开始小规模下单。几次成功的合作之后，双方已经在商谈大批量出货的事宜；象山县某制衣厂通过信息服务人员在另一网上贸易平台的配对，上海某贸易有限公司对他们的蚊帐进行了询盘，经过多次洽谈和协商，最终和该针织厂签订了 200 万元的合同。

17. B2C 模式创纪录

　　随着网络渠道的重要性日益凸显，很多全国知名品牌都入驻 B2C 商城，积极在网络渠道布局。采用 B2C 模式直接面对最终的消费者，对企业来说，既增添了销售渠道，又增强抗风险的能力。

　　这方面"先行一步"的就有宁波某知名的服装企业。在平台成立之初，该企业的网购平台以削减库存商品为主，年销售仅为 400 万元。而今年 1~9 月，该平台光女装就销售了3000 多万元，今年全年网购可突破 1 亿元。

　　8 月底，宁波另一知名家纺官方网络旗舰店全场五折，创下单日网上成交超过 427 万元的惊人纪录，成为当日全场销售冠军，使之前并不为人特别关注的家纺行业，一举走到台前。

18. C2C 转型抓内需

　　近年来，我国网络卖家数量高速增长。他们一方面需要大量的货源，另一方面他们又经常碰到无法把握市场热点的问题。与此同时，由于出口受挫，沿海地区的不少厂家迫切的需要增加国内销路。

　　朱先生从中发现了商机。他在宁波国际贸易平台家居展示区设立摊位，了解世界各地的买家以及各种询盘信息。通过对信息的整合，及时梳理出市场的走势和热点，然后把这些信息发给厂家，再根据淘宝、易趣，拍拍等第三方贸易平台上卖家的需求寻找以及生产产品。目前朱先生背后的 200 家工厂可以迅速地满足网店前端的需求。而从他店铺批发产品的卖家已经达到 5000 多家。一手掌握卖家资源，一手掌握生产资源，朱先生通过整合产业链，避开了类似淘宝 C2C 的常规竞争。

19. 服务外包强优势

　　在 Cisco 公司的管理模式中，网络无孔不入，它在客户、潜在购买者、商业伙伴、供应商和雇员之间形成"丝丝入扣"的联系，从而成为一切环节的中心，使供应商、承包制造商和组装商队伍浑然一体，成为 Cisco 的有机组成。其70%的产品制造通过外包方式完成，并由外部承包商送至顾客手中，而且对于寻求技术支持的要求，有70%是通过网络来满足的。这些客户的满意程度比人际交往方式要高，不仅节约了开支，也节省出更多的人力资源充实到研发部门，进一步加强了竞争优势。

20. 按需生产深融合

　　Dell 公司通过互联网络每隔两小时向公司仓库传送一次需求信息，并让众多的供货商了解生产计划和存货情况，以便及时获取所需配件，从而在处理用户定制产品和交货方面取得了无人能比的速度，就这样，每天上千万美元的 Dell 计算机在网上卖出，而且由于网络实时联系合作伙伴，其存货率远远低于同行。

　　网上营销集成是对互联网络的综合应用，是互联网络对传统商业关系的整合，它使企业真正确立了市场营销的核心地位。企业的使命不是制造产品，而是根据消费者的需求，组合现有的外部资源，高效地输出一种满足这种需求的品牌产品，并提供服务保障。在这种模式下，各种类型的企业通过网络紧密联系，相互融合，并充分发挥各自优势，形成共同进行市场竞争的伙伴关系。

十二 招商引资

主 编 手 记

月湖夜闻蝉鸣声

　　夏日某晚，我途经月湖景区的一片小树林，被阵阵袭来的"知了、知了"声所吸引，不免驻足停留。令我惊诧的是，甬城虽多树木且已进入盛夏，但并非随处都"知了在声声叫着夏天"，但在月湖一带能入夜仍闻蝉鸣声。所以，当我听到知了清脆、响亮的叫声后，仿佛重返童年，再拾童趣。记得那时物质和精神生活贫乏，每逢夏日来临，知了便成了孩子们的玩伴。我们在玩耍中明白了幼蝉成长的奥秘，目睹了金蝉脱壳的过程，听到了雄蝉求偶的呼唤，学到了伸杆粘蝉的妙招……可是，现在城里的孩子已无法享受这般乐趣，因为栖在枝上的知了已难觅踪迹，连鸟声、蛙声、螳蝉声也不易听到。何以如此？当与环境污染严重不无关系。我想，让城里孩子都能听到蝉鸣声固然美妙，但关键是净化生态环境，营造更多的"月湖"，而这尚需众人拾柴，协力促成，包括我们发展外贸、招商引资也得绷紧环保之弦。

1. 结伴搭台好招商

　　近年，宁波在日本名古屋博览会期间举办产业推介活动，同时邀请展会主办方作为活动协办单位，把推介活动纳入专业展会的重要内容。借助主办方的组织力量和展会的客商资源，吸引到汽配、节能环保方面的专业参展商参加宁波投资环境推介活动，并与宁波的汽配、节能环保企业代表开展业务对接。依托国内外有一定规模和知名度的专业展会，相互合作，共同搭台，既降低了招商成本，又容易实现预定的目标。

2. 产业配套谋共赢

　　宁波某公司异氰酸酯（MDI）项目投产后，生产的大量氯化氢急需寻找出路。为此，××开发区主动协助该公司就副产氯化氢的利用开展对外招商，与韩国某跨国公司进行洽谈合作。经过三年多的跟踪、洽谈，促成了 PVC 项目成功落户。该项目不仅为外商提供了稳定的原料供应，也延伸了该开发区的石化产业链，有效化解了当地企业 MDI 二期发展的瓶颈，同时，原料稳定的供应也大大提高了 PVC 项目的竞争力，达到了互利共赢的良好局面。

3. 闲置厂房巧安排

　　不少外国公司刚来中国发展时，征地建厂房成为难题，租赁厂房也担忧稳定性，缺乏相应信息。随着经济结构调整，许多工业厂房处于阶段性闲置状态，急需盘活。宁波市外商投资促进中心及时利用这机会，利用招商网络收集闲置厂房信息，把有关企业所处的位置、闲置厂房面积等输入信息库，并不断更新调整。同时，该中心积极向各类投资咨询机构和国际地产中介机构推介闲置厂房信息，为投资方提供快捷服务，从而促成了许多外资项目落户宁波。

4. 海外上市融外资

  民营企业海外上市是宁波利用外资的新形式。在各级政府部门推动下，宁波民营企业海外上市取得了许多硕果。这既有利于解决企业融资难，利用募集海外资金返程投资，扩大生产规模，提升研发能力，又能利用海外的专业技术、管理等资源促进公司治理结构的完善，提高企业的核心竞争力。

5. "以贸引外"深合作

　　余姚某公司是一家生产 PET 饮料瓶坯的民营企业，长期与某日本公司有良好的贸易合作关系，其主要生产设备也从日本引进。该日本公司对 PET 产品的市场前景充满信心，并对中方合作企业的生产技术、产品质量等均很认可。宁波抓住机会促成双方企业谈判，使双方从纯贸易深入到生产研发的合作，最终由日方企业投资数千万美元在宁波生产研发 PET 产品。

6. 跨区合作互开放

    2006 年，象山开发区管委会与宁波保税区投资合作局签署了投资项目信息共享战略合作伙伴关系协议，在互惠互利的基础上，相互开放资源，建立利益共享机制，象山开发区成了宁波保税区的重要招商平台和项目落户基地。经保税区引荐，象山开发区成功引进某大型设备制造项目，该项目涉及海洋工程和中高压石化设备制造，投资总额过十亿元。该项目需利用岸线资源，符合象山开发区产业规划，对当地经济有带动作用。

7. 借力龙头抓配套

　　宁波某开发区抢抓国际消费家电市场扩张和产业转移机遇，成功引进了全球第四大液晶面板生产商——台湾某电子企业在区内设立生产项目。同时，他们依靠区内外商龙头企业的辐射效应，借力招商，引进了包括德国、日本等国际知名企业在内的数十家上下游产业配套企业。该区域现已成为国内最大的液晶模组生产基地，集聚了数千名专业技术人员、数万名熟练技工，形成了具备明显比较优势的产业集群。

8. 网络平台显身手

　　宁波某开发区借助对外招商网站建设，运用网络技术，宣传推介该区投资环境和招商项目，建立英语、日语和韩语等多种版本，积极做好网上宣传推介工作。网上招商由专人负责，做到有问必答，多年坚持。网络平台不仅节省了大笔外出招商费用，还开创出新的便利沟通渠道，目前正在宁波大力推广。一大批外商通过网站找到了该开发区，并在园区投资创业。

9. 在甬外商做高参

　　几年前，在宁波投资的某日资企业总经理任满后即将回国，该总经理对宁波有深厚感情，常夸宁波是他的第二故乡。市外商投资促进中心获得这情况后，决定聘请他为招商顾问。后来，他为宁波在该国招商引资工作提了许多宝贵建议和信息，几乎每月来宁波一次，并带了大批客商来甬考察。目前，市外商投资促进中心已聘请十几位既熟悉中国文化和宁波情况，又有客商资源的外籍人士担任招商顾问，有效拓展了宁波招商引资渠道。

10. 外资并购促发展

　　约翰迪尔公司是美国历史悠久的老牌工业企业之一，2006年财富500强排名第292位，是世界领先的农业设备制造商。宁波奔野是一家具有50多年历史的拖拉机生产企业，是中国南部地区最大的拖拉机厂，但面临转型升级和快速发展的瓶颈。在当地政府推动下，约翰迪尔公司收购了宁波奔野，成立了约翰迪尔（宁波）农业机械有限公司。接着，该公司引入生产系统、产品质量系统等约翰迪尔公司的标准流程，完善原中方企业的产品，扩大了生产线，促进了我国大中型拖拉机产业转型升级。

11. 强强联手结盟友

　　杉杉集团与日本伊藤忠商事株式会社都是业界一流企业，在服装品牌方面有多年的合作关系。为了扩大合作，更好地整合优势资源，双方在产业和管理方面开始全面合资合作，让合作向人才、规模、产业、技术、管理等多元化发展，既从服装产业的并购到商业地产的渗透，还在新能源、新材料等领域加强合作，优势互补，利益共享，起到了共同发展的积极成效。

12. 外商主政园中园

　　宁波北欧工业园区是镇海经济开发区的园中园，由挪威方注册成立管理公司并组织招商引资，该园区按照斯堪的纳维亚风格进行规划设计，开发面积近 500 亩土地，主要客商是北欧及欧美中小型高科技企业和研发中心，现已引进外商投资项目 20 多个。

13. 外资银行做推手

　　宁波某招商部门注重与外资银行建立良好关系，并与多家外资银行签署了合作协议。许多跨国公司投资离不开金融机构支持，来华投资往往会听取该国银行国际业务部门和中国分支机构的意见。由于风险控制的考虑，外资银行会着重向投资方推介其信赖的区域。在有关外资银行的支持下，目前已有数个大型外资项目落户在宁波。

14. 善用宝地引强援

　　宁波某区在城市建设过程中重视做好地块招商工作，坚持做到"重规划、重设计、重品牌"，对重点地块通过上门招引和政策吸引并举的招商办法，并对投资规模大、经济带动力强的项目做到"一项目一政策"，取得了积极成效，从而成功吸引了一批境内外知名房地产和商业地产开发商参与土地招拍挂，目前已有数个大型项目落户。

15. 代理招商拓渠道

　　宁波某开发区注重代理招商工作，聘请了一批国外机构、海外留学生和我驻外机构代表等作为招商代理，帮助其分发招商资料，收集投资信息，有目的地开展招商工作，并根据工作业绩对招商代理给予一定奖励。通过代理招商，既降低了招商成本，又拓展了招商渠道，使该开发区及时获取了大量的外商投资项目信息，引进了一大批符合产业政策的好项目。

16. 悉心服务有回报

　　慈溪市国际商务促进中心高度重视对在慈日商的服务工作。日商初来慈溪，各方面生活都存在着一定困难。慈溪市国促中心通过陪同日商品尝家乡风味饮食、办理驾驶证居住证、请汉语老师提升日商汉语水平、照顾病重客商、组织全市日商开展联谊活动等服务工作，让日商感受到了亲人般的温暖，将慈溪视为第二故乡，纷纷介绍日本企业家来慈溪投资合作，已引来康浩家纺等日资企业。

17. 招商资料即时供

　　冰箱储足食物，主人即刻能端出好菜；药房备齐药品，店家当即能完成配药；网站设好软件，需者很快能获取信息。杭州湾新区招商局建立了完备的投资环境资料库，如遇客商索取各类资料，招商人员即可按需"配菜"、"拼盘"，及时汇编、提供。当万国数据来甬考察时，杭州湾新区仅花一天时间就提供了重达数斤的投资环境报告书，高效的办事效率最终促成万国数据项目落户。

18. 专业会议巧利用

　　宁波某开发区通过大量的调研、论证工作后，确立了其发展专业园区的定位，明确了它的重点产业，并制定了拟引进企业群的布局规划。为了能不断地结识潜在目标客商，并获取其投资意向，园区招商人员就有意识地参加各类行业会议，并加入行业协会，甚至赞助专业性会议，从不同层次来推介自己的园区。经过坚持不懈的努力，在行业内扩大了影响，许多业内的跨国公司高层在考虑中国发展计划时，把该园区列入了候选地。目前，园区内已集聚了许多跨国企业办的项目。

十三　海外创业

主编手记

羊皮和牛皮

某甬企负责人听说尼日利亚盛产羊皮，便赴实地探个究竟，情况果真如此。随后，他在拉各斯附近办了一家羊皮制品厂，就地廉价收购羊皮，为欧美顶级品牌商制作优质羊皮包袋，不久便订单不断，财路甚广。香港某厂商闻之羡慕不已，立马决定将其在港皮革厂迁至尼日利亚，意在利用当地丰富的牛皮资源制革，谁知该企业在当地一年也收不到一张牛皮，终以破产收场。原来，尼日利亚虽为牧牛大国，但当地人喜食牛皮，不愿将牛皮卖给港商。上述事例给我的启示是：甬企欲在境外设厂创业，事先应深入调研，充分论证，切莫见风是雨，只涉皮毛。

1. 追款引出大生意

　　海曙区某纺织企业生产的提花布，原来通过港商出口非洲市场，但由于非洲外汇管理趋严，在非洲经营的港商难以及时支付货款。于是，这家企业派员赴西非向港商追讨货款，却发现本企业生产的提花布在贝宁的批发价高于其出口价十几倍。于是，该企业决定在当地设立贸易公司，建立批发销售网络，从而迅速扩大了提花布出口，获取了丰厚利润。

2. 有心插柳柳成荫

　　余姚市某公司于 2008 年派员参加阿联酋迪拜贸易展，参展人员在展会期间考察了当地许多工程建设工地，并与施工企业进行了接洽，结果了解到某工地的工程建设任务较重，需要找一个合作伙伴。由于该公司有一定的实力，也有"走出去"的强烈愿望，便通过谈判顺利获取了该工程的部分业务，并很快组织施工，顺利完工。因工程质量过硬，中方企业信誉良好，此后该项目业主又向中方提供了另外几个工程项目。

3. 援外工程得名利

　　北仑区某外经公司经议标承担了我国援助非洲某国医院项目建设任务。这家公司对该项目建设高度重视，认真组织施工，最终提前 8 个月完成了建设任务，包括住院楼、门诊楼、医技楼、专家楼在内的 11 个单体工程和提供的全套医疗设备全部验收合格。该企业通过建设援外工程项目，不仅赢得了较高声誉，也获取了较好的经济效益。

4. 金字招牌生意忙

　　余姚市某公司参与了阿联酋跑马场的停车场钢结构项目建设，在项目实施过程中，该公司信守合同，严把项目质量关和风险关，按时出色地完成了项目建设任务，为第十五届世界杯跑马赛如期开幕赢得了宝贵时间。此举得到了业主和该国领导人的好评，多国新闻媒体也对此作了报道，这促使当地政府和大企业纷纷与该公司洽谈合作业务，现在谈工程承包大项目已有5个。

5. 成套输出获利多

　　北仑区某外贸企业在叙利亚交通部进口大巴项目中成功中标。原来，这家公司派员赴实地考察时发现，该国进口大巴是为了开辟首都的公交线路。于是，该企业主动协助该国有关部门设计了公交线路、培训中心和修理厂，从而把大巴出口的单个项目整合为对外承包工程项下的成套设备输出，利润翻了好几倍。

6. 危机关头觅商机

　　国际金融危机来临之际，江北区某矿产开发企业获知北美某国小矿业主资金严重缺乏，连矿产税都难以支付。于是，这家企业在我驻该国大使馆商务处大力帮助下，充分利用海外新"宁波帮"资源，进一步探明市场情况，搜集相关信息，做好收购小矿的各项准备工作。其后，该企业一天内就与该国6家矿业企业洽谈收购业务，最终低价收购了4个矿产项目。

7. 远洋捕捞开财源

　　鄞州区某渔业公司针对我市近海渔业资源日益减少、每年都有休渔期的现象，确定拓展远洋捕捞业务。由于在外国海域捕捞作业必须取得有关国家许可，该公司经过努力，在中国驻缅甸大使馆的大力支持下取得了在缅甸海域的入渔许可证。此后，这家公司先后派出多条渔轮前往缅甸允许的海域进行捕捞作业，为公司生存发展找到了新的路子。

8. 外派劳务富万家

　　宁波保税区某国际劳务公司根据外派劳务市场变化的新情况，不断调整经营思路，重视项目管理，优化外派劳务结构，取得了外方业主信任，成为国内第一家进入毛里求斯的外派劳务公司。为了保障劳务资源供应，该公司还与省外劳务基地建立长期合作关系，增强了外派劳务实力。10多年来，该公司向毛里求斯派出劳务人员6万多名，不仅取得了良好的经济效益，还带动了万家致富。

9. 知己知彼建工程

　　海曙区某公司原来曾在新加坡承接了一个工程建设项目，后因不熟悉境外施工标准不得不撤回国内，造成了一定的经济亏损。经过几年努力，该公司组建了一个从事境外施工的专业团队，掌握了在境外施工的业务知识和从业标准。其后这家企业又赴新加坡参与住宅项目竞标，并顺利中标。由于该公司吸取了过去的教训，能做到知己知彼，工程建设很顺利，现已完成竣工并交付使用，取得了可观的经济效益。

10. 非洲"结亲"开财路

　　海曙区某矿业公司负责人获知非洲某国政要有中国血统，便设法与他攀上"高亲"，建立了亲密关系。后来，在这位"高亲"的大力帮助下，这家企业获得了该国 2000 平方公里锰矿勘探权。经过一年半努力，他们在探矿区探明高品位锰矿储量 3000 余万吨，接着又获得了该国总统亲自颁发的采矿证。现采矿项目已进入顺利实施阶段，并得到该国各方好评。

11. 借助外脑定决策

　　余姚市某企业获取到一个工程项目的信息，但由于此项目所涉金额高达近3亿美元，该企业却从无在境外从事工程总承包的经历。为争取项目到手并防范经营风险，这家企业便寻求市有关部门支持。为此，市外经贸局会同市保险、银行、商会等有关专家，帮助企业研究风险防范、融资方式、施工组织、劳务管理等事项，使企业大大增强了承包该项目的信心，目前他们已制定设计方案，做好项目前期各项筹备工作。

12. 抱团争取大项目

　　象山县某建筑企业拟投标关岛码头项目，但业主要求以管理、经营码头来抵扣工程款，而该企业有建造码头的实力，却没有管理码头的能力。于是，该企业与我市港务管理单位合作，建立联合体参与投标，由建筑企业管工程建设，港务单位负责经营管理，实现风险共担，利润共享。目前，投标工作正在进行。

13. "保护伞"下赢官司

　　宁波市某企业在亚洲某国以参股方式投资一家电信企业，经营刚有起色，东道国却以电信企业国有化为理由，强迫中方退股。在中方不同意退股的情况下，外方向当地法院起诉。该企业认为如按东道国法律裁决，必吃大亏。于是，他们决定在未开庭之前，利用我国与东道国签订的投资保护协定中"保护伞条款"，向国际仲裁机构诉讼东道国违约，经国际仲裁机构裁决，该企业获得了巨额赔款。

14. 自贸区内办企业

　　北仑区某企业受贸易壁垒困扰，业务难以拓展。当企业负责人获知我国与东盟签订了自贸区协议后，决定赴柬埔寨投资建厂，由境内企业生产初级半成品，再由在柬工厂组装、销售。由于中方企业拥有自由贸易区的"身份证"，不仅能享受国内半成品出口的优惠关税，而且享受产品出口欧美的优惠待遇，另外还因柬方员工工资较低而大大压缩了生产成本。目前，这家企业在柬埔寨的工厂已有职工 2500 多人，年销售 2000 多万美元，净利润达 200 万美元。

15. 驻外使馆当"娘家"

　　宁波市不少境外企业完成境外注册后，及时到我国驻外使馆经商处报到，并经常与经商处保持联系，主动征求经商处对其开拓业务的意见和建议。同时，不少企业通过经商处与当地政府建立了友好关系。有的企业在驻在国发生动荡事件时，能及时获得实情，并受到我驻外使馆的保护，减少了境外投资风险。

16. 内外分工拓市场

　　慈溪市某民营企业在俄罗斯莫斯科、圣彼得堡办了两家童鞋销售公司，雇用了 20 多位当地大学毕业生就业。这些当地雇员负责境外公司的企业管理、产品设计，并负责进口、组织营销，中方人员则在国内负责决策、调度资金、组织货源、安排出口等，内外人员配合十分默契，年经营额近千万美元。

17. 小鱼敢于吃大鱼

　　余姚市某企业长期为英国某老牌摄影公司加工照相器材，成为对方的主要供货商。为了获取国际品牌，增强自主研发能力，争取企业更大发展空间，该企业主动提出收购英方企业，遭英方一口回绝。于是，他们通过多种渠道、多种方式做工作，终于使英方同意将企业出售给中方。目前，该企业已拥有了自己的国际品牌，扩大了产品在国际市场的占有率。

18. 授权洋人管企业

　　余姚市某企业在收购欧洲一家企业后，不向海外企业派出一名管理人员，而是请那家欧洲企业的原 CEO 全权负责，并请香港某会计师事务所负责财务管理。当余姚这家企业与自己的欧洲公司同时参加国际专业展会时，真正的老板从不出现在欧洲公司展位。三年来，那家欧洲公司业务发展业绩十分明显。我方企业"只求所有，不求所管"的行事方法，巧妙地回避了境外企业收购、兼并后容易出现的中西方文化、管理理念等冲突，从而保证了境外企业良好运作。

19. "与狼共舞"求发展

　　宁海县某灯具企业不仅产品已在亚洲、南美等市场占有较大份额，还注重与发达国家的国际知名同行开展研发设计、技术交流、培训、项目开发等合作。目前，该公司已与日本、德国等有实力的同行企业建立战略联盟，进一步增强了研发设计和项目拓展能力。

20. 兼并不留后遗症

余姚市某企业在与英国一家企业洽谈兼并业务时，发现英方企业不良资产较多、员工人数不少，隐性亏损难以估计。为此，该企业主动向外方提出提高收购价格，但需剥离不良资产，处理好遗留问题，减少用工人员，以避免经营风险。

21. 收购品牌促销售

　　北仑区某保险箱生产企业 10 多年来一直为国际知名品牌做贴牌。企业负责人看着国外商场出售自己生产的产品，却贴着别人商标，心中很不是滋味。于是，该企业决定主动出击，瞄准国际品牌，用收购、参股等方式进入产业链顶端。后来，他们以参股方式，将美国一家有 50 多年历史的国际知名保险箱公司收归旗下，凭借其国际品牌和销售渠道，进一步拓展国际市场。之后，这家企业又先后收购了美国、法国等多个国际保险箱知名品牌，涵盖低、中、高档产品，真正掌握了产品定价权，成为国际保险箱行业的知名企业。

22. 出门带上"护身符"

    北仑区某企业在非洲某国投资创业，外出时常被军警盘查，有时还被罚款、扣证。针对这一现象，该企业负责人灵机一动，在外出时将该国总统与自己合影的照片挂在车窗或放在衣袋，从而大大减少了麻烦。虽然他们有时还遭遇军警盘查，但当对方看到该国总统与我方企业负责人的合影后，即刻敬礼放行。

23. 发达国家搞研发

　　余姚市某光学电子器材生产企业为促使产品升级换代，在日本设立了研发中心，并与松下、三洋等国际知名大企业建立了合作关系。同时，该研发中心通过跟踪行业中世界顶尖技术的发展，取得了一批研发成果，带动了母公司产品转型升级，取得了较好收益。

24. 避实击虚出奇效

　　余姚市某文化装备生产企业，避开舞台装备产业发达的北美、欧洲市场，重点开发亚洲、南美、非洲等公共文化基础设施需求较大的新兴市场。该企业凭借独有的垂直一体化舞台工程装备产业链优势和专利技术，对舞台装备工程实行系统集成，形成了参与国际竞争的比较优势。这家企业还在美国、日本、德国、希腊等国设立分公司（机构），为境外客户提供从设计、制造、安装、售后服务等一体化服务模式，促使产品在国际市场的份额大幅增加。

25. 打好创业"组合拳"

　　慈溪市某外贸公司在海外投资创业硕果累累，其成功的奥秘在于打出"组合拳"，以多种方式拓展业务。一是在波兰、美国、香港、日本、阿根廷等国家或地区设立贸易性企业，拓展境外营销渠道；二是在越南办化纤厂，从事涤纶短纤加工、制造和贸易；三是通过合资、合作等方式，在境外设立了研发设计、信息收集、终端销售等机构，扩大了境外投资创业的综合效应。

26. 目标市场促自销

　　奉化市某机械企业的产品主要销往美国市场。由于生产成本不断上升、外销竞争日趋激烈，该企业在美国设立了营销公司，从而及时、准确地掌握了美国客户对产品的需求，扩大了目标市场的出口量。

27. 援外项目建平台

　　北仑区某企业经过多年努力，建成了我国援外项目——贝宁中国经济发展贸易中心，并承接了该中心的经营任务，现已连续举办了两届中国出口商品展，并招引了部分甬企入驻。目前，该公司将启动中心二期工程，以进一步扩大展销面积，吸引更多企业落户，使中心成为宁波企业开拓非洲市场的"桥头堡"。

28. 步步深入创大业

新兴市场

　　江北区某企业针对国内和亚洲船用柴油机、柴油发电机
组市场严重萎缩局面，积极拓展非洲市场。该企业从销售发
电机组等产品起步，进而发展工程承包业务，再前往海外投
资建厂，实现了对新兴市场的深度开发。过去，西非国家的
电厂设备、发电机组基本上都由欧美国家供货，该企业便针
对当地恶劣环境开发出价廉物美的产品，赢得了非洲客商的
青睐。他们还通过承接苏丹 40 个城市的政府电厂改造项目，
从单纯的设备供应商转为提供设计、建造、服务的电站工程
承包商。目前，这家企业决定在尼日利亚投资建立柴油机组
装厂，使产品在西非既有销售市场，又有当地工厂的技术支
撑和售后服务。

29. 合作兴办工业园

　　江北区某企业开发非洲市场颇有成效，并与尼日利亚某华人财团建立了良好的合作关系，双方在尼日利亚奥贡州投资建设工业园区，既满足了双方企业自身发展的需要，又带动了更多甬企进入非洲创业。目前，该工业园已完成了 6.6 平方公里园区土地购置和初步建设，已成为集机械制造、船舶修造、电子电气、纺织、机电、贸易、物流等功能于一体的产业园区。

30. 服务平台效果好

　　宁波市某企业在德国汉堡设立分公司，吸纳数家宁波外贸公司和生产企业挂靠经营，拓展德国和周边市场。挂靠的企业由该企业提供办公、生活、财务、交通、管理等服务，采取经营独立、资源共享、服务配套的办法，这种模式现已取得成功。目前，各挂靠经营单位已在德国建立起颇具实力的贸易、生产企业，进一步扩大了经贸业务。

31. 工程承包促外销

　　近年来，象山县某食品设备公司承接了南非、埃及、布基纳法索等非洲多个国家的啤酒厂交钥匙工程项目，年均完成工程营业额约 2000 万美元，其中包含相当比例的设备材料价值，带动机电产品出口近 1200 万美元，实现了工程承包和外贸出口双丰收，并取得较好经济效益。

32. 规避风险保收益

　　受国际金融危机影响，近来人民币有一定幅度升值，这对宁波企业开展境外工程承包和劳务合作业务带来了经济损失。为了规避汇率风险，象山县某建设集团公司在从事马来西亚、新加坡工程承包项目时，采取了不少应对措施。如在签订合同时制订汇率变化价格补偿条款，尽量采用当地的设备和材料，分包若干项目，用外汇归还银行外汇等，取得了积极成效。

33. 跨国经营走捷径

　　鄞州区某集团公司斥资 1.2 亿美元收购美国五大服装企业之一 Kellwood 公司旗下两家公司 100% 股权，获得了不少国际品牌、设计人才和营销资源，提高了对接国内外设计、生产、营销等资源的能力，大力增强了企业综合实力，走出了一条建立跨国公司的捷径。

34. 获取保函签合同

　　象山县某建设企业与利比亚政府签订了约 4.8 亿美元安居房 EPC 总承包项目合作意向书。由于所涉项目很大，需在开具约 1 亿美元对外承包工程履约保函和预付款保函后，方可与外方签订项目总承包合同。该公司充分运用国家和地方对外承包工程保函政策，在市、县金融、担保机构的支持下，开具了约 1 亿美元工程履约保函，与外方顺利签订了项目总承包合同。

35. 用足政策降成本

　　鄞州区某木业公司在巴布亚新几内亚开发木材资源，每年需运回大量木材，运费开支很大。为此，该企业认真研究各级政府对"走出去"企业的扶持政策，及时提出申请，仅去年就获得各级政府扶持资金几百万元，大大降低了经营成本。

36. 外国劳工挑大梁

　　象山县某建筑企业在牙买加承包建设一家酒店工程项目。因路途遥远，该企业从国内派遣工人费用较高，而当地劳工有体力强、成本低等优势，适合从事混凝土浇捣等重体力工作。于是，这家企业在当地招聘了一批劳工，并组织了业务培训，现已带出一支素质较高的当地施工队伍。此举不仅降低了中方施工成本，还促进了当地就业，受到了当地政府和民众的好评。近期，该企业又拿到了当地政府推荐的议标项目——西印度大学教学楼总承包合同。

主 编 手 记

外包学院外包办学

宁波服务外包学院已告成立，我也应邀出席了揭牌典礼。事前，我曾为该学院能否生存担心。因为，服务外包门类多、课程设置复杂，不知其如何办学。事实证明，这种担心是多余的。据了解，该学院以外包合作方式办学，所设物流外包、工业设计、呼叫中心、外贸服务等四个专业，都与相关企业合作办学。比如，该学院与宁波林科技术公司签订了合作办学协议，由院方定职培训的40名学员，毕业后将去林科公司就职。我想，我市各服务外包人才培训基地也这样办学，无疑会开创培训工作新局面。

1. 动漫设计研发外包业务

　　宁波某动画制作有限公司是一家经营动画原创生产、建筑动画、漫画设计、动画版权交易、动漫游戏软件研发等业务的动漫外包企业，曾成功制作越剧动画片《孔雀西南飞》、宁波电视台《来发讲啥西》栏目动画广告等作品。公司主要接包流程包括以下四个阶段：首先是由服务发包方提出技术服务要求，请相关技术人员和统计人员测算服务外包制作周期、品质要求，并确定合同签约。第二阶段制定相应制作方案（安排制作工序，指派项目负责人或执行导演负责）。第三阶段制作的动画片或宣传片、场景设计等项目，由导演部负责审核并由客户沟通。第四阶段完成服务外包制作，专人负责发送成片，取得客户最终确认。

2. 系统软件开发外包业务

　　宁波江东某软件企业，主要为客户提供各种工业测试系统的开发。2009年4月公司与日本株式会社 ELMEC 签订了一份"东风日产 MR/HR/VQ 点火发动机测试系统改造软件部分开发与技术支持"的合同。自接到客户订单起，公司便着手分析客户需求、制定开发日程、划分开发任务。历经5个月的软件开发进程，同年9月公司将开发好的软件以网络形式发送给株式会社 ELMEC，以供综合调试并获验收，完成全部的定制软件开发过程。

3. 电子商务平台服务外包业务

　　宁波某网络科技公司为企业提供电子商务平台服务、网络营销等外包服务。企业通过购买该网络公司的服务，在特定的电子商务平台上进行产品销售、展示以及推广企业品牌形象，以更好地开拓海内外市场。宁波一家宠物用品制造有限公司通过与该网络公司合作，成为该公司网站的会员，进行外贸业务推广和公司整体形象展示。会员客户在该网络公司网站平台上进行网络推广时，通过其自身企业网站的一级域名和二级域名的同步推广，扩大了推广面，促使海外订单量不断增加，成功摆脱国际金融危机的影响。

4. 工程设计外包业务

　　宁波某船舶设计有限公司凭借其先进的 Compass-Rules 计算船、机、电技术设计、生产设计等软件，通过与外地船舶运输科学研究机构、有关院校等建立长期协作关系，以承接更多与船舶设计相关的工程设计外包订单。公司已曾多次为 CCS、BV、RINA 及 ZC 等国内外知名的船级社提供专业的船舶工程研究与设计、船舶工程技术咨询等服务。

5. 物流供应链方案设计外包业务

　　北仑某物流/供应链管理咨询公司，是专业提供运筹学及管理科学（OR/MS）服务的咨询公司。公司所提供的服务主要是通过运用优化、仿真及统计分析等科学方法来帮助决策者分析及解决问题，使其对复杂、不明确的问题得到深刻而准确的认识，进而改善其决策过程，以便得到全局最优化的结果。公司重点业务是现代物流供应链管理中的解决方案设计与决策优化。

6. 呼叫中心外包业务

　　宁波某信息服务公司主要依托中国电信的网络及系统平台，为企事业单位提供业务流程外包（以下简称 BPO）服务和相关增值业务服务：即呼叫中心业务外包、呼叫中心人力资源派遣、人事代理、咨询服务和 BPO 技术支持等。公司目前为某大型空调制造企业提供了 400 台席 7×12 小时的呼入和呼出业务流程外包服务（BPO），其主要模式为：在该空调制造企业提供的调查样本列表通过电话的方式上，接包企业按照该空调制造企业指定的工作流程，进行顾客满意度调查工作，所有电话调查内容及对外宣传的口径，必须经该空调制造企业确认并以邮件形式发给接包企业；公司再根据确认的回访文稿进行电话回访，并在完成后递交给该空调制造企业回访工作的统计报告。

7. 物流电子政务外包业务

　　宁波某物流信息化服务公司依托其物流信息化平台系统为宁波各大物流企业提供物流电子政务服务，包括政务信息服务、通关辅助、网上运输管理辅助、道路运输调度救援、市场监测与决策支持、物流电子政务申报审批服务等。通过登录信息化平台，物流企业可以第一时间了解包括政务新闻、网上公示、运输行业信息等咨询，还可以在线查询车辆与驾驶员信息；通过系统的网上运输管理辅助功能，企业可获得交通行政网上自助申报、查询等帮助。

8. 信息系统运营和维护外包业务

　　宁波某软件企业的主要服务是通过其自行开发、设计的卫生管理系统，为各大医院提供信息化数字化软件服务外包。如"区域、社区、医生综合工作平台"，是该企业依据卫生部2009年健康档案基本架构与数据标准，以居民健康档案为基础，以建立区域居民健康数据中心为目标，从社区卫生服务整体业务流出发，设计建立的规范的社区卫生服务工作模式和工作流程。这为全科医生提供了一个适合社区卫生服务日常业务与管理工作实际需要的信息化工作平台。

9. 客户定制软件开发外包业务

　　宁波某软件研发公司专注于移动电话软、硬件研发与相关电子部件的设计，通过法国控股公司带来与世界知名运营商的紧密合作，为公司带来了良好的商机。目前，该研发企业主要为部分跨国公司提供定制移动电话的研发服务，通过预研发过程、NPI 过程和产品维护管理过程，将手机研发由最初的产品概念转变成为可以支持批量生产的研发成果。如公司当前正在承接的 Android 移动通信系统研发项目，预计今年将为公司带来预计 3600 万元的技术服务出口业务。

10. 物流电子商务外包业务

　　宁波某物流信息化公司依托第四方物流平台为物流企业提供物流电子商务服务。比如，市内的物流供应商和货主企业都可以在信息系统发布供求信息，信息系统进行双方交易的自动撮合；双方通过信息系统进行商务洽谈，当洽谈结束达成一致意见之后，进行交易确认；货主企业在信息系统上在线支付押金；在运输任务执行完成后，双方在信息系统上进行交易单证交割和结算支付，并进行信用互评。

11. 嵌入式软件研发外包业务

　　慈溪某嵌入式软件公司承接嵌入式软件研发业务，主要根据发包企业需求来设计开发软件产品。目前公司研发的软件产品主要用于可编辑程序定时器、宠物自动喂养器等工业产品，嵌入式领域的业务已覆盖产品架构、设计、嵌入式软件开发、测试、维护和产品支持等。由于嵌入式系统与硬件依赖非常紧密，需要通过特定的硬件才能实现功能，因此公司在设计开发软件产品的同时，还要下发合同任务传递卡，生产车间根据合同要求，制造相关硬件设备。然后技术团队与生产团体配合，将设计开发的软件和生产的硬件结合起来，经过调试和检验后，将成果发给客户企业。

12. 模具设计外包业务

　　宁波某模具设计公司的模具设计业务主要由宁波众多家电生产企业发包。该公司在接到客户订单后，根据客户提供的原始产品设计方案，由公司设计部分别采用 CAD、CAM 及 CAE 等软件技术，对客户提供的设计方案进行分板及再设计，完成产品设计方案，再通过与客户进行多次沟通、修改，完成产品设计最终方案。公司将方案定稿传送至客户进行确认后即完成模具设计外包业务。

13. 物流信息查询外包业务

　　宁波某物流市场平台为全市各大物流企业及货主提供物流信息即时外包服务业务。譬如，货代、货主、船代、船司、海关等企业可通过平台上的货代信息服务系统保持紧密联系，以提高业务流通效率，减少运输成本；另一方面，仓储运输企业可根据企业的内部管理要求和业务的实际状况，通过平台上的物流信息服务系统，进行企业数据信息管理、货物运输状态查询等操作，以提高企业的管理效率，降低工作成本。

14. 企业财务管理外包业务

　　宁波某税务师事务所为客户企业提供后台财务、审计与税务管理外包服务。目前，事务所主要致力于帮助客户企业审核其全年所得税，为其编制正确纳税申报资料，出具专项鉴证报告，辅导相关企业作相应账务调整，并进行代理申报。此外，该税务所也承接部分记账代理业务，主要由客户企业提供发票等原始凭证，事务所接包，通过记账要求，输入自行研发记账软件，生成资产负债表、利润表、纳税申报表，并办理纳税申报，解答日常财税政策。

15. 检验检测外包业务

　　宁波某检测服务公司主要为国内外客户、包括政府和国际机构提供"一站式"检验、鉴定、测试、认证和咨询等外包服务，其业务流程主要包括订单评审和报价、检验检测实施准备和监督、检验检测执行、样品管理、检验检测报告的出具等。该公司曾为世界超市巨头之一的 Tesco 亚太公司提供检验检测外包服务，通过检验、检测和工厂审核的方式，帮助 Tesco 的供应商全面控制产品质量，提升供应商整体质量水平和核心竞争力，同时给予供应商最优惠的服务价格。

16. 企业业务运作服务外包业务

　　宁波某服务外包公司是全省第一家进行药事管理服务外包的企业，其基本模式如下：由医疗机构（发包方）将其药品供应等以市场化的药事管理服务委托给医药公司（接包方）。受托医药公司具体负责医院药品供应、药学服务、药房管理等。依照协议，受托公司获取服务收益，医院、患者分享改革的增值收益。这种新模式的特点还表现在这里：医院药房实行所有权与经营权分离，药房所有权归医院，药品经营权交受托方；医院药剂科的职能、药房人员的身份、药品监管主体不变。公司曾对某医院实施医院药房服务外包（药房托管），经过三年的运行，取得了宝贵的管理医院药房的经验，通过"药事管理服务外包"，大大减少了流通环节，给患者带来实惠。

17. 工业设计外包业务

　　慈溪某工业设计有限公司从当初的单一产品设计模式出发，到目前进一步发展为企业提供整体战略策划，从而为企业提供更具市场竞争力的全方位服务。该公司曾承接韩国某工业设计外包项目，通过前期的市场调查及分析，与设计委托方深入沟通，进行了销售对象、产品功能、产品定位、前景预测等全方位的综合判断，确定了产品方向。之后，公司分别从创意、超前性、市场接受度、加工可行性、价格成本等多层次、多角度进行评估，以确定最可行的一个或数个方案进行深化设计，直至最终根据客户讨论意见，对选出的方案进行完善、细化，得出产品最终的外型方案。

18. 企业运营数据库服务外包业务

　　宁波某动产质押公司的核心业务是为银行提供动产担保融资监管服务，即将现代远程网络监控技术和信息系统管理技术引入动产担保监管服务中，利用网络监控系统对监管现场图像信息、库存信息等情况进行实时监控。该公司目前受某银行委托在宁波某码头对某钢材经销商提供的钢材类动产进行质押监管。按照银行监管要求，接包公司与第三方仓储企业签订质物保管补充协议，对质押货物采用网络视频监管的监管方式。质物出入库时，公司都将实时进出数据记录于报表清算系统，保证库存价值不低于银行规定的最低下限。监管期间，公司为银行提供质物价格波动提示服务，从而有效控制因价格波动所导致的质物监管风险。

19. 网络游戏研发设计外包业务

  鄞州某网络科技有限公司主要从事网络游戏研发外包和运营外包业务。其中研发外包是指发包商将游戏设计初步方案（IDEA）交付给该公司，由公司利用成熟的策划、技术、美工等方面的能力，按照规定要求和时间制作一个游戏产品的模式。运营外包是指客户将一款已研发完成的产品交由该网络公司，通过其信息网络，使用用户系统或者收费系统结合多种市场宣传方式向公众提供游戏产品和服务，由此产生的所得款由接包公司与发包公司共同分成。该公司曾与韩国某企业合作，为其开发定制版游戏产品，包括游戏美术、技术、前期市场配合等。目前，该公司已完成日本市场版本的研发，并正在进行韩国市场版本的研发。

20. 医药数据库研发外包业务

　　宁波开发区某医药科技有限公司是一家高科技外包和临床研究软件研发的企业。该公司已独立开发拥有完全知识产权的临床研究数据收集管理系统。这一系统采用 Oracle 的开发工具进行开发，具备现代临床研究数据收集管理系统的所有功能，能用于任何临床研究和公共卫生调查的数据收集管理，而且所有功能都能在网上实现。目前我国还没有符合国际标准的专临床研究数据管理系统，国内大量的临床研究（每年新开始 2000 个以上的临床研究），都在使用廉价的免费软件进行数据管理。为此，该公司抓紧开发了拥有完全自主知识产权的 EDC/DM/CTMS/IWRS 系统 eRDDM，并立即得到了上海某医院的青睐，该院将中国慢性肝病数据库和临床研究一体化电子网络数据管理系统的开发与相应的数据管理服务外包给了该公司。

后　记

　　近年来，宁波市外经贸局打造公共服务型机关，经常深入基层企业调查研究，千方百计收集宁波企业开展国际经贸业务的"千方百计"，并及时总结推广。这些"千方百计"服务产品，通过各种形式传递给当地有关部门和外经贸企业，深受各方欢迎，起到了促进外经贸工作的良好效果，并引起全国各地业内人士的浓厚兴趣，纷纷提出共享的要求。因此，我们决定将这些"千方百计"汇编成《宁波企业国际商战秘笈》一书。

　　本书主要内容为宁波企业国际商战的经典案例，出于保护企业商业秘密考虑，我们在编写材料时作了隐名处理。汇编此书，以期为全国外经贸发展作出应有贡献。

　　本书是编委会成员共同努力完成的，特别是顾立群、韩隽、吴学军、方平原、王芬、张振、丁超、丁建柏、王向阳、章东等同志为此付出了许多心血。

　　由于时间紧迫、能力有限，本书难免有不足之处，欢迎广大读者指正，以便不断完善。

编　者

2012 年 5 月